Theologia Cordis

Apontamentos teológicos
e espiritualidade
do Coração de Jesus

Andrea Tessarolo

Theologia Cordis

Apontamentos teológicos
e espiritualidade
do Coração de Jesus

Tradução
Cláudio Antonio Pedrini

Edições Loyola

Título original:
Theologia cordis – Appunti di teologia e spiritualità del Cuore di Gesù
© 1993 Centro Editoriale Dehoniano
Via Scipione Dal Ferro, 4 – 40138 – Bologna
www.dehoniane.it
EDB®
ISBN 978-88-10-50720-7

Copyright © da tradução 2000 EDUSC (Editora da Universidade do Sagrado Coração – Bauru/SP)

Tradução realizada a partir da 1ª edição (1993).
Direitos exclusivos de publicação em língua portuguesa para o Brasil adquiridos pela EDITORA DA UNIVERSIDADE DO SAGRADO CORAÇÃO.

Dados Internacionais de Catalogação na Publicação (CIP)
(Câmara Brasileira do Livro, SP, Brasil)

Tessarolo, Andrea
  Theologia Cordis : Apontamentos teológicos e espiritualidade do Coração de Jesus / Andrea Tessarolo ; tradução Cláudio Antonio Pedrini. -- São Paulo, SP : Edições Loyola, 2022. -- (Espiritualidade do Coração de Jesus)

  Título original: Theologia cordis : appunti di teologia e spiritualità del Cuore di Gesù.
  ISBN 978-65-5504-212-2

  1. Espiritualidade - Cristianismo 2. Sagrado Coração - Devoção I. Título. II. Série.

22-126009   CDD-242.2

Índices para catálogo sistemático:
1. Sagrado Coração de Jesus : Devoção : Cristianismo   242.2
Eliete Marques da Silva - Bibliotecária - CRB-8/9380

Preparação: Maria Suzete Casellato
Capa: Ronaldo Hideo Inoue
  Composição da ilustração de Márcio Mota sobre fundo de © Olga Vasilyeva | Adobe Stock
Diagramação: Sowai Tam

Edições Loyola Jesuítas
Rua 1822 nº 341 – Ipiranga
04216-000 São Paulo, SP
T 55 11 3385 8500/8501, 2063 4275
editorial@loyola.com.br
vendas@loyola.com.br
www.loyola.com.br

Todos os direitos reservados. Nenhuma parte desta obra pode ser reproduzida ou transmitida por qualquer forma e/ou quaisquer meios (eletrônico ou mecânico, incluindo fotocópia e gravação) ou arquivada em qualquer sistema ou banco de dados sem permissão escrita da Editora.

ISBN 978-65-5504-212-2

© EDIÇÕES LOYOLA, São Paulo, Brasil, 2022

Sumário

Prefácio 7

Introdução 9

Capítulo 1
A espiritualidade do Coração de Jesus através da história 11

Capítulo 2
Por uma espiritualidade bíblica do "Coração" 31

Capítulo 3
O Coração de Deus segundo a Bíblia 45

Capítulo 4
Jesus manso e humilde de Coração 55

Capítulo 5
O Salvador do Coração transpassado 63

Capítulo 6
Religião que se torna Amor 73

Capítulo 7
Espiritualidade oblativa 83

Capítulo 8
Amor e reparação 93

Capítulo 9
Uma espiritualidade para a missão 109

Bibliografia 119

Prefácio

A humildade e a mansidão, propostas por Jesus para que aprendamos de sua vida, de seu modo de ser e de agir, são um tesouro para a vida da Igreja.

A devoção ao Coração de Jesus tem uma longa história. Começa com o "coração transpassado de Jesus" no Evangelho de São João — interpretado pelos místicos como uma ferida que manifesta a profundidade de seu amor —, passa pelas revelações a Santa Margarida Maria Alacoque, no século XVII, pelo culto ao Sagrado Coração, no século XIX, e chega até a Divina Misericórdia com Santa Faustina Kowalska, no início do século XX.

Ao longo do tempo, a espiritualidade do Coração de Jesus foi se desenvolvendo e ganhando espaço no interior da Igreja e fez brotar muitos frutos, seja no carisma de muitas Congregações e Institutos Religiosos, como também nas Associações de Leigos, nos Movimentos eclesiais, destacando-se sobretudo o Apostolado da Oração, que desde a sua aprovação pela Igreja, em 1849, recebeu a missão de cuidar e divulgar a devoção ao Sagrado Coração de Jesus.

Ao percorrer as páginas deste livro, você vai entrar em contato com essa espiritualidade que continua a ajudar tantas pessoas simples a buscar a santidade. É um convite a sair de si mesmo, a ir além do personalismo e do intimismo para ampliar e dilatar o amor que o Espírito de Deus derramou em nossos corações no Batismo e que nos envia em missão: a missão de amar sem medida e sem fronteiras.

Aprendamos de Santa Teresinha do Menino Jesus, que entrou no Apostolado da Oração com 12 anos de idade, e com Santa Dulce dos Pobres, que foi zeladora e fundadora de grupos do Apostolado da Oração em Salvador, que o amor pede gestos concretos: a intimidade com o Amado na oração nos conduz a servi-Lo nos mais sofredores e marginalizados. Como nos pede hoje o Papa Francisco: "Abram-se a este amor e levem-no aos confins da terra, testemunhando a bondade e a misericórdia do Coração de Jesus".

Theologia Cordis vai nos ajudar a crescer em amor e santidade, em vontade de fazer conhecido o reino do Coração de Cristo, em levar as pessoas a se aproximar da fonte redentora da água e do sangue que jorraram do Coração de Jesus ferido pela lança.

Pe. Eliomar Ribeiro, SJ
Diretor Nacional da Rede Mundial de Oração do Papa

Introdução

*Jesus, a vós seja a glória,
que do coração derramais graça*[1].

A renovação bíblica e litúrgica, amadurecida com o Vaticano II, nos levou a ver de modo novo e diferente a espiritualidade do Coração de Jesus, da qual vivem tantas famílias religiosas e tantos movimentos leigos na Igreja. As características de tal renovação foram estudadas e consideradas repetidamente, nestes últimos anos, em diversos encontros ou simpósios sobre espiritualidade; e por várias vezes foi expresso o desejo de uma publicação que ofereça uma "panorâmica" clara e bastante completa sobre o caminho percorrido.

O presente volume pretende ser uma resposta a tal anseio. E justamente por isso tenho evitado as análises meticulosas e a linguagem especializada. Ao contrário, este livro segue um caminho simples e linear, e um estilo basicamente expositivo.

Após uma rápida resenha sobre a evolução dessa espiritualidade através da história, breves capítulos abordam: o simbolismo bíblico da palavra *coração*; Jesus que se propõe a ser

---

1. Trecho do Hino das I Vésperas da Solenidade do Sacratíssimo Coração de Jesus: *Jesu tibi sit gloria qui corde fundis gratiam*. (N. do E.)

imitado por nós enquanto *manso e humilde de coração*; o lado aberto do Salvador, que os padres da igreja e a liturgia interpretavam como *sinal sacramental* de graça e, ao mesmo tempo, como um mistério de amor do qual nasce a igreja: do Coração transpassado pelo amor, nasce a igreja, esposa de Cristo.

Nesse contexto, o culto ao Coração de Jesus é o *culto do amor que Deus tem por nós em Cristo e, também, a prática do nosso amor a Deus e ao próximo*[2].

De fato, o amor do Pai, manifestado e oferecido a nós por meio do símbolo humilde e grandioso do Coração de Cristo, espera ser acolhido e correspondido por nós. E ao amor não se pode responder senão com amor. Portanto, seguem algumas páginas sobre a acolhida que reconhece e adora este *mistério*, com um amor que se doa (*a consagração*) e se deixa envolver com Cristo, até a doação da própria vida, para a vida do mundo (*amor que repara*).

O pequeno volume conclui com uma rápida olhada aos sinais de renovação que caracterizam a espiritualidade do Coração de Jesus na vida de pessoas consagradas e de recentes movimentos religiosos.

---

2. Pio XII, *Haurietis aquas* 60.

Capítulo 1
A espiritualidade do Coração de Jesus através da história

Diversos institutos e movimentos na Igreja vivem a espiritualidade do Coração de Jesus, sinal e fonte sacramental da graça e do dom do Espírito Santo, da qual nasceu e vive a Igreja.

Portanto, penso que seja útil revisitar o tema em linhas gerais, através da história, para compreender melhor a sua originalidade e importância.

Centralidade do mistério de Cristo Salvador. A devoção ao Coração de Jesus é uma forma típica, uma dentre muitas, da espiritualidade cristã. Também essa, portanto, tem o seu centro e fundamento no mistério e na pessoa de Cristo, Filho de Deus feito homem e Salvador, mas contemplado sobremaneira no mistério do seu amor pelo Pai ("Para que o mundo saiba que amo o Pai", Jo 14,31) e por nós ("Amou-nos e deu-se a si mesmo por nós", cf. Ef 5,2.25; Gl 2,20).

São três as citações do Novo Testamento invocadas com maior frequência que sustentam e fundamentam essa "espiritualidade":
    a) *O hino de júbilo de Mt 11,* no qual Jesus propõe que ele mesmo seja imitado pelos discípulos, qualificando-se

como "manso e humilde de coração". É um texto no qual prevalece o componente "discipulado/imitação".

b) *O trecho de João 19*, que descreve a cena do Salvador do peito transpassado, de cujo lado escorrem sangue e água; cena concluída com a frase: "Voltarão o olhar para aquele a quem transpassaram". São múltiplas as reminiscências bíblicas desse texto, relidas numa abordagem messiânica salvífica. Essencialmente, propõem uma leitura do episódio inteiro na perspectiva epifânica e pascal, na qual o doar a vida por amor se transforma em realização plena do homem e na mais alta glorificação de Deus e, para todos, em evento de salvação ("Quando eu for levantado da terra, atrairei todos a mim", Jo 12,32).

c) Enfim, *todos os textos* que descrevem o mistério da salvação e, em particular, a obra redentora de Cristo como sendo motivada e animada pelo amor de Deus, que enviou ao mundo o seu Unigênito para a nossa salvação ("Deus amou tanto o mundo que entregou o seu Filho único", Jo 3,16); assim também o amor de Cristo pelo Pai e por nós, como tantas vezes é repetido no Novo Testamento (cf. Jo 14,31; Gl 2,20; Rm 5,5s; Ef 5,2.25 etc.).

O Cristo ressuscitado e glorioso. Ao longo dos séculos, a espiritualidade cristã e, portanto, também a espiritualidade do Coração de Jesus, conheceu enfoques e, consequentemente, também formulações devocionais muito diferentes. Em particular, aquela que em seguida será chamada a "devoção ao Coração de Jesus" e, hoje, a "espiritualidade do Coração de Jesus" aparece-nos como o ponto de chegada de uma corrente espiritual que encontra o seu fundamento e o seu contínuo alimento nas passagens bíblicas há pouco citadas, mas no curso de sua história "com frequência mudou de convicção". As etapas principais deste seu caminho são as seguintes: período patrístico, mística medieval, devoção à Paixão, devoção ao Coração de Jesus (*parediana*[1]), interioridade e atenção "ao social", renovação conciliar.

Portanto, são muitas as variações ou diversos os enfoques na história da espiritualidade cristã. É importante, porém, salientar o fato de que durante todo o primeiro milênio a igreja contemplou o mistério da cruz e também, portanto, o Salvador do peito transpassado, principalmente à luz da ressureição. Por isso, a espiritualidade que disso derivava era uma espiritualidade alegre, [...] gloriosa, que contempla e exalta a potência e a grandeza do amor de Deus, tornando-se visível e manifesto nas palavras e nos gestos do Salvador, e que atinge o seu ápice no mistério da sua "morte gloriosa" (cf. Oração Depois da Comunhão da Sexta-Feira Santa). De fato, nesse período, como em todo o Novo Testamento, o mistério da cruz é visto como "martírio", como a mais alta demonstração de amor ("Ninguém tem maior amor que este [...]", Jo 15,13); e, portanto, a morte de Jesus é vista não como um infortúnio deplorável, como se devêssemos nos compadecer dos sofrimentos do Salvador, mas como evento salvífico para compartilhar e para celebrar, pois é tão grande e maravilhoso: obra-prima da sabedoria e da potestade de Deus, e suprema revelação do seu amor (cf.

---

1. Referência à experiência vivida por Santa Margarida Maria Alacoque (†1690), monja da Ordem da Visitação de Santa Maria, em Paray-le-Monial, na França. (N. da R.)

a "bem-aventurada paixão" também no cânone romano). Essa perspectiva é muito explícita em João, que identifica morte e exaltação como um único mistério; mas também o *kerygma* nos discursos de Pedro é anúncio alegre de Cristo ressuscitado, nomeado por Deus "Messias e Senhor" (At 2,36), enquanto Paulo o proclama "vivo e vivificante" (1Cor 15,45) e o Apocalipse o contempla como "Rei dos reis" e "Senhor dos senhores" (Ap 17,14).

Uma confirmação disso pode ser encontrada também na história da iconografia cristã, que apresenta tantos exemplos de Cristo glorioso (o *pantocrator* das antigas basílicas) ou a cruz sobre o trono, gloriosa e repleta de pedras preciosas, mas sempre sem o Crucificado, ou também nas catacumbas, a imagem de Jesus Bom Pastor: mas nenhum exemplo de Cristo crucificado e doloroso, antes do século VIII.

É um chamamento intenso para se recuperar, também na vida espiritual, o significado e a graça de Cristo ressuscitado; mistério quase esquecido ou reduzido a mero argumento apologético nos últimos séculos.

O peito aberto, fonte de graça. Nos escritos dos Padres da Igreja não é relevante a atenção dada ao coração visto como "símbolo natural do amor". Ao contrário, é frequente a referência ao trecho de Jo 19,37 e, portanto, a contemplação do Salvador de peito transpassado, de cujo lado escorrem sangue e água. Na esteira das indicações já presentes no quarto evangelho, os Padres interpretam esse evento como "evento epifânico", de revelação, e como evento de salvação. Do coração transpassado escorrem sangue e água: aquela água lembra-lhes o batismo com o dom do Espírito Santo; aquele sangue, para eles, é símbolo de "mistérios", isto é, da Eucaristia. E, embasando-se no princípio da analogia, prosseguem: como da costela de Adão foi formada Eva, a mãe de todos os homens, assim do lado aberto de Cristo (por meio dos sacramentos) nasce a igreja, a mãe de todos aqueles que creem. Somente algumas citações:

Orígenes (†254): "O Cristo, colocado na cruz, fez brotar a fonte do Novo Testamento [...] Se ele não tivesse sido perfurado e não tivessem escorrido do seu lado água e sangue, todos nós sofreríamos a sede da palavra de Deus"[2].

Santo Epifânio (†403): "O Senhor nosso, elevado na cruz, mediante a água e o sangue, derramados do seu lado transpassado, tem obscurecido toda a vicissitude da nossa salvação"[3].

São João Crisóstomo (†407): "Quando Jesus quase morto estava ainda na cruz, um soldado (etc.). Aquela água era o símbolo do batismo e o sangue, o símbolo dos mistérios (a eucaristia) [...] Assim, do seu peito o Cristo plasmou a Igreja, como Eva tinha sido formada do peito de Adão. Cristo nos deu o sangue e a água, que brotaram de seu peito, para formar a Igreja... Não devemos, portanto, passar indiferentes ao lado do mistério"[4].

Santo Ambrósio (†397): "Bebe Cristo, pois é a pedra da qual brotou água; bebe Cristo porque é a fonte da vida; bebe Cristo porque é paz; bebe Cristo porque rios de água viva brotarão do seu seio"[5].

---

2. *PG 12, 376* [PG = Patrologia Grega, colossal reunião de documentos dos Padres da Igreja organizada por Jacques Paul Migne (†1875); para Patrologia Latina, usa-se PL (N. do E.)].

3. *PG 41, 846.*

4. *Cathechesi III:* Col. *Sources Chrétiennes 50,* 60-2.

5. *Enarrationes in Psalmi* I, 33; PL 14, 983.

Esse simbolismo bíblico e sacramental, expresso algumas vezes pelo Cordeiro imolado, mas glorioso, de cujo trono escorrem os rios de água viva, faz-se presente também na liturgia ("*Do peito do Cristo dormente sobre a cruz brotou o admirável sacramento de toda a Igreja*": hino do Sagrado Coração), e foi recuperado pelo Concílio Vaticano II[6].

A "devotio contemplativa" *dos místicos*. À reflexão teológica dos Padres, que veem no peito aberto do Salvador a fonte da graça e do dom do Espírito, junta-se aos poucos a atenção contemplativa, que se tornará proeminente com os místicos medievais. O início o encontramos em dois textos célebres de Santo Agostinho (†430). O primeiro, comentado por João 19: o evangelista escreve que o soldado "abriu o seu lado, para fazer-nos compreender que assim ele abria a porta da vida, de onde surgiram os sacramentos, sem os quais não se pode passar para a vida verdadeira"[7]. Em outro texto escreve: "Cristo é a porta. Para ti essa porta foi aberta, quando o seu lado foi transpassado pela lança. Lembra aquilo que dele saiu, e escolhe por onde entrar" (*Quid inde manavit recole, et elige qua possis intrare*)[8].

Essas palavras de Agostinho, como também o convite evangélico "Olharão para Aquele a quem transpassaram", não permaneceram sem resposta. Numerosos são os místicos medievais que as interpretaram como um convite para permanecer aos pés do Salvador do peito transpassado numa atitude contemplativa: uma contemplação adorativa, contrita, reconhecedora; e também uma contemplação entendida como pro-

---

6. Cf. *Sacrosanctum Concilium* 5: *Enchiridion Vaticanum* 1/7.
7. *In Johannis evangelium tractatus* 120,2.
8. *Sermo* 311,3.

cura de sentido e como desejo de intimidade e de comunhão no amor, indo assim da ferida do peito para o Coração ferido do amor, e do Coração de Cristo ao Coração de Deus, princípio da fonte de caridade.

Também aqui alguns textos a confirmam:

São Bernardo (†1153): "Pela ferida do corpo se manifesta a ferida do seu coração, manifesta-se o grande mistério do amor"[9].

Guilherme de Saint-Thierry (†1150): "Pela porta aberta do teu coração, nós queremos entrar até o teu coração. Felizes aqueles a quem tu recebes nos teus santos abraços!"[10].

Santa Lutgarda da Bélgica (†1246): "Contempla (nesta ferida) a quem amar e por que amar" (*Hic igitur conntemplare: quid diligas et cur diligas*)[11].

Ubertino de Casale (†1330): "Penetra nesta terra prometida que é o Coração de Jesus e, uma vez entrado, não saias mais!"[12].

Nessa corrente mística achamos: a *escola beneditina* de Helfta com Matilde de Magdeburgo (†1282), Santa Gertrudes (†1302), Matilde, a jovem (de Hackeborn) (†1298); a *escola franciscana* com São Boaventura (†1274), Ângela de Foligno (†1309), Ubertino de Casale (†1330); a *escola dominicana* com Santo Alberto Magno (†1280), Taulero (†1361), Henrique Suso (†1366), Santa Catarina de Siena (†1380) etc.

Sobressai, nesse período, a obra de São Boaventura, a *Vitis mystica*, para a qual também se remete a encíclica *Haurietis aquas*, de Pio XII, em uma frase tida, desde sempre, como pon-

---

9. Disc. 61, 3-5; *Opera omnia* 2,151.
10. Cf. o seu *Meditativae orationes*: PL CLXXX, 205-48.
11. Cf. *Vita Lutgardae*, em *Acta SS. Iunii*, III, *Venetiis* 1743, 234-63.
12. Cf. o seu *Arbor vitae crucifixae Jesu*, Veneza, 1485.

to obrigatório para a espiritualidade do Coração de Jesus: "A ferida do peito aberto nos manifesta a ferida interior... na ferida visível (do teu Coração) nós contemplamos a ferida invisível do teu amor".

Trata-se, como se pode ver facilmente, de uma corrente espiritual ainda presa à Bíblia e à liturgia da Igreja, mas já com uma forte propensão para as elevações místicas, frequentemente caracterizadas como "visões" ou "revelações"; e, mais, de caráter antes elitizante, no claustro dos mosteiros.

A devoção da paixão. Quase que no mesmo período (séc. XI-XIII) foi se desenvolvendo também um movimento de piedade popular que assinala uma profunda transformação de perspectiva na história da espiritualidade cristã. Da prevalente contemplação ao Crucificado glorioso, revestido de hábitos pontificais, muda-se para uma devoção atenta antes aos aspectos humanos, mais humildes e dolorosos da vida do Salvador: o presépio, a paixão, a imagem de Cristo crucificado nu e ensanguentado, a Dolorosa sob a cruz ou a *Pietà* com o Cristo morto entre os braços. Este movimento desenvolveu-se no período das cruzadas, com as peregrinações para a Terra Santa, a visita aos lugares da paixão, a prática da *via crucis*, os *laudos religiosos* populares, como o *Stabat Mater* ("A Mãe dolorosa estava chorosa junto à cruz; fazei com que eu chore piedosamente convosco, com que eu me compadeça com o crucifixo"[13] etc.).

No aspecto "popular", sempre mais "alheio" à linguagem bíblica e à liturgia da igreja (na passagem para as línguas na-

---

13. *Dolorosa, iuxta crucem lacrimosa; Fac me tecum pie flere, Crucifixo condolere.* (N. do E.)

cionais), essa devoção ao crucificado foi evoluindo para uma religiosidade mais preocupada com os aspectos particulares da paixão, como: a cruz, os pregos, as cinco chagas, o sangue, a ferida do peito e, finalmente, o Coração de Cristo ferido de amor, visto como símbolo e fonte do todo o mistério cristão.

A devoção ao Sagrado Coração de Jesus (parediana). Dentro do contexto da devoção à paixão, e em particular da devoção às cinco chagas, começou rapidamente a tomar forma e a difundir-se uma específica devoção ao Coração de Jesus, visto como o símbolo da excelência do amor de Cristo pelo Pai e por nós. Se alguns sinais de tal tendência são encontrados também no século XVI, devemos, porém, reconhecer que foram sobretudo São João Eudes (†1680) e Santa Margarida Maria (†1690) a transformar a precedente espiritualidade, ainda de elite, em uma devoção popular com uma difusão muito grande. O sucesso extraordinário que ela teve deve-se, em grande parte, ao zelo verdadeiramente incansável desses dois grandes apóstolos e, em particular, pela experiência mística, única no seu gênero, de Santa Margarida Maria. Mas para isso outros fatores, que convém destacar, têm contribuído.

Aspectos negativos: o surgimento das línguas nacionais, por volta do ano 1000, havia afastado o povo cristão da Bíblia e também da liturgia da Igreja, que eram expressas ainda em latim, língua quase não mais compreensível para a maioria. Daí a procura por ritos e práticas substitutivas mais pobres quanto ao significado religioso, ou até desviadas; assim surge o apego quase supersticioso a calendários, medalhinhas, santuários; daí surge também a ingênua crença nas histórias de aparições, ou ainda nas desgraças apresentadas como castigos divinos. A encíclica *Haurietis aquas* vê riscos desse tipo também na devoção ao Sagrado Coração, particularmente no âmbito popular.

Aspectos positivos: aquilo que a liturgia não conseguia mais dar ao povo cristão, porque celebrada em uma língua não compreensível, a devoção popular do Coração de Jesus o soube dar em grande medida. O povo precisa de palavras simples e de ritos compreensíveis; e, na verdade, Santa Margarida Maria e todos aqueles que abraçaram a sua causa souberam encarnar e exprimir os valores essenciais dessa devoção em um rico leque de práticas tão simples e intuitivas que, em poucos anos, foram difundidas em todos os países; práticas simples, dirigidas a gente simples, para ajudá-la a viver e exprimir a sua fé nas situações concretas da vida, e compreender, à luz do evangelho, os valores e os enigmas da existência.

Assim, deve-se reconhecer o grande mérito que teve essa devoção num período no qual estava impedido, para a maioria, o contato direto com a Bíblia e com a liturgia da Igreja. Durante dois séculos (1750-1950), a pastoral das paróquias e a religiosidade popular da Igreja católica identificaram-se, ou quase, com as práticas mais populares da devoção paredeana do Coração de Jesus.

Um outro mérito nada pequeno dessa devoção: ter difundido na Igreja o "evangelho do coração", isto é, a mensagem de Deus/Amor, e a confiança e a alegria da "comunhão frequente", numa época exaltada pelo medo da justiça divina, conclamada pela doutrina jansenista.

...*nas almas e na sociedade*. O primeiro e o maior dos mandamentos é "amarás ao Senhor teu Deus de todo o teu coração" (Mt 22,37). Mas, para os cristãos, o amor a Deus está unido, ou melhor, deve passar pelo amor ao próximo. Examinando, agora, de perto as práticas difundidas da devoção ao Coração de Jesus, o papa Pio XII, na encíclica *Haurietis aquas*, denuncia o risco de um certo "egoísmo espiritual" (pensar somente ao próprio bem espiritual) e um pouco de descaso para o aspecto social. O risco é real. Devemos, porém, reconhecer que, entre as muitas congregações religiosas surgidas na Igreja e em cuja denominação está o nome do Coração de Jesus, a grande maioria tem como objetivo apostólico próprio o exercício da "caridade", e, em particular, a educação da juventude e a assistência aos doentes também gratuita. Quase sempre, porém, veem somente a assistência.

Deve-se ao padre Leão João Dehon (1843-1925), fundador da Congregação dos Sacerdotes do Sagrado Coração de Jesus, um grande empenho em abrir essa corrente devocional também "ao social" no sentido moderno do termo. Isto é, dedicar-se não somente a assistir o indivíduo em caso de necessidade, mas, antes de tudo, particularizar as causas que estão na origem e, portanto, intervir também politicamente para vencer na raiz os males sociais, instaurando uma sociedade mais justa, mais solidária, e por isso ainda mais "vivível". Com essa finalidade, em 1889, ele funda o periódico *O Reino do Coração de Jesus nas almas e na sociedade*. E no primeiro número (janeiro de 1889), escreve: "O reino do Sagrado Coração é amplamente iniciado na liturgia [...] na vida cristã e sobremaneira na vida religiosa. Ele deseja fazer sua também a vida social". Foi esta a constante preocupação do padre Dehon durante sua vasta atividade social em todos os níveis: a promoção da classe operária, por meio da promoção de uma sociedade evangelicamente mais atenta aos problemas do ser humano, uma sociedade, como ele mesmo dizia, animada pelo amor do Coração de Jesus. "Há necessidade", escreve ainda (em fevereiro de 1989), "de que o culto ao Sagrado Coração de Jesus, iniciado com a vida mística das almas, desça e penetre na vida social dos povos".

As três grandes encíclicas do Sagrado Coração. A devoção ao Sagrado Coração de Jesus desenvolveu-se em âmbito "privado". A autoridade eclesiástica tem acompanhado seu desenvolvimento com "espírito crítico" e "sensibilidade pastoral".

Santa Margarida Maria insistia em uma devoção à imagem do "coração", ferido pela lança, circundado de espinhos, sobreposto pelas chamas e por uma cruz; alusão clara, portanto, ao Coração de Jesus, mas visto em sua materialidade, separado da pessoa. A autoridade religiosa jamais aprovou uma devoção a tal imagem.

Em 1687, a Santa Sé recusou-se a autorizar uma festa em honra do Sagrado Coração, porque o pedido não tinha seguido o trâmite canônico. Dez anos depois (1697) foi concedido, mas com missa e ofício das cinco chagas. Em 1729 foi rejeitada a solicitação do pe. Galligget de um ofício próprio, porque estava apoiada na convicção de que o coração fosse o órgão do amor, assim como os olhos o são da visão.

Somente em 1765, referente a um pedido dos bispos poloneses, foi autorizada uma festa litúrgica com ofício próprio, e em 1856 foi ampliada para a igreja universal. Daí por diante, é o mesmo ministério que toma a iniciativa de apoiar tal devoção.

Em 1899, o papa Leão XIII publica a histórica encíclica *Annum sacrum*, na qual explica os princípios teológicos da consagração ao Sagrado Coração de Jesus, afirmando que "qualquer atestado de devoção, dedicado ao Coração de Jesus, na verdade e falando apropriadamente, é endereçado ao próprio Cristo".

Em 1928, Pio XI publica a encíclica *Miserentissimus Redemptor*, que retoma o tema da consagração e, em seguida, se aprofunda sobre o tema da reparação. O culto ao Coração de Jesus foi assim definido pelo papa: "a suma de toda religião e ainda a norma da vida mais perfeita"[14], enquanto induz os corações a amar Jesus Cristo mais ardentemente e a imitá-lo generosamente.

Em 1956, Pio XII publica uma terceira encíclica sobre o culto ao Coração de Jesus, a *Haurietis aquas*, com o fim de defender a sua legitimidade, evidenciar riscos e defeitos e indicar o caminho para a necessária renovação. O culto ao Coração de Jesus foi mantido "Como confissão suprema da religião cristã"[15]; de fato, escreve, é "o culto ao amor que Deus tem por nós em Jesus, e também a prática do nosso amor para com Deus e os outros homens" (n. 59). Porém não faltam os aspectos negativos; assim, indicando os caminhos da renovação, escreve: "É nos textos da Sagrada Escritura, da tradição e da sagrada liturgia que os fiéis devem [...] descobrir as fontes límpidas e profundas do culto ao Coração sacratíssimo de Jesus, se desejam penetrar em sua natureza íntima e trazer [...] disso alimento e incremento do seu religioso fervor" (n. 54).

O túnel dos anos 1960. Com essas três encíclicas, a devoção ao Coração de Jesus atinge o máximo de seu esplendor. Mas naquele mesmo período começa a revelar sinais de crise. É por

---

14. *Totius religionis summa et perfectoris vitae norma.* (N. do E.)
15. *Absolutissima professio christianae religionis.* (N. do E.)

volta dos anos 1950, de fato, que na Igreja começam a se tornar "patrimônio comum": a *renovação bíblica*, enquanto que as devoções ao Senhor, sobretudo a nível popular, se baseavam em revelações individuais; a *renovação litúrgica*, enquanto a devoção ao Sagrado Coração vivia uma sua "liturgia paralela e privada"; a *renovação teológica e cultural*, pela qual as formas de piedade emotivas demais ou sentimentais começavam a apresentar problemas.

O papa Pio XII, na encíclica *Haurietis aquas*, acena discretamente para esses sinais de crise e indica com clareza os caminhos para uma possível renovação por meio do retorno à Bíblia, à tradição dos Padres e à liturgia. Mas isso não foi fácil.

A *renovação da Igreja* encontrou a sua expressão máxima no Vaticano II. Na ocasião, enquanto alguns esperavam um gesto de solene reconhecimento da devoção ao Coração de Jesus do próprio concílio, este se absteve de se pronunciar sobre isso [...] Nasceu um grande mal-estar, do qual tornaram-se intérpretes alguns institutos caracterizados pela espiritualidade ao Coração de Jesus. Numa carta enviada ao santo Padre diziam: "No silêncio do concílio os nossos religiosos encontram um motivo para dizer que a devoção ao Sagrado Coração teve o seu tempo; por esse motivo se perguntam se devem ser fiéis à Igreja que se renova, deixando cair a sua espiritualidade específica; ou permanecer fiéis ao seu carisma, ignorar o concílio; um verdadeiro conflito de consciência, "paralisante".

O papa Paulo VI, para responder a essa dificuldade, publicou a carta apostólica *Investigabiles divitias Christi* em 6 de fevereiro de 1965 e, pouco depois, uma carta dirigida aos institutos interessados, a carta *Interpretes solliciti* de 27 de maio de 1965, asseverando que há sintonia perfeita entre renovação conciliar e culto ao Coração de Jesus (que tem como característica: celebrar o amor de Deus e de Cristo). E convida a repensar a encíclica *Haurietis aquas* do seu predecessor, para uma interpretação mais correta.

A renovação conciliar. Os caminhos para a renovação da espiritualidade do Coração de Jesus haviam sido indicados, portanto, antes mesmo do concílio. Dizendo retornar à Bíblia, à tradição dos Padres e à liturgia da Igreja, na prática o papa Pio XII convidava a descobrir: o simbolismo bíblico do Coração de Jesus, a centralidade da pessoa também nas práticas devocionais e, acima de tudo, o primado do amor (na teologia, na espiritualidade e na pastoral). Vejamos brevemente o que tudo isso pode significar.

a) *Redescobrir o simbolismo bíblico do "coração"*. Desde 1950, aproximadamente, a devoção ao Coração de Jesus estava sendo motivada pelo fato de que "o coração contém o símbolo natural do amor". Simbolismo natural pelo vínculo que existe entre fortes emoções e batidas do coração. Portanto, um amor prevalentemente emotivo. Só que uma coisa é a pesquisa científica sobre o coração humano, e, outra coisa, uma pesquisa teológica sobre o Coração de Jesus. O discurso teológico é elaborado não à luz das ciências humanas, mas à luz da palavra de Deus. Isso já referente ao simbolismo do coração humano. Se passamos, pois, ao "Coração transpassado do Salvador", a história nos diz que o seu simbolismo foi sempre interpretado à luz de um evento salvífico preciso: o ferimento do peito de Cristo crucificado: "Olharão para aquele que traspassaram"[16].

---

16. *Videbunt in quem transfixerunt*. (N. do E.)

Trata-se, portanto, não de um simbolismo natural, mas de um simbolismo essencialmente histórico, epifânico e sacramental. Nessa linha de raciocínio, estão delineados todos os comentários dos padres da Igreja e quase todos os textos litúrgicos.

b) *Voltar à centralidade da pessoa.* É um problema ao qual poucos dão atenção. Entre as causas que conduziram para as crises devemos indicar também uma excessiva atenção *às coisas*, com práticas devocionais voltadas *para as coisas*, para os objetos: devoção à cruz, às chagas, ao sangue... Assim, em âmbito cultural, certas invocações ao Coração de Jesus se exprimem, antes, de maneira exótica (qual enamorado, dirigindo-se à noiva, ousaria dizer: "coração de Filomena, te amo; coração de Paulo, ajuda-me"?).

Além disso, é de se observar que através de semelhante linguagem fica vulgarizado o riquíssimo simbolismo que Bíblia, tradição e liturgia atribuem ao "Coração transpassado do Salvador". É muito significativo o fato de que quase sempre, na liturgia, as orações são dirigidas não ao "Coração de Jesus", mas a Deus Pai, que no Coração de seu Filho nos tem aberto os tesouros infinitos de seu amor: "Concedei, ó Deus todo-poderoso que, alegrando-nos pela solenidade do Coração do vosso Filho, meditemos as maravilhas de seu amor e possamos receber, desta fonte de vida, uma torrente de graças" (Missal Romano, Oração do dia, Solenidade do Sagrado Coração de Jesus [cf. também a Liturgia das Horas]).

c) *Em tudo (na teologia, espiritualidade, pastoral) reconhecer o primado absoluto do amor.* Vivendo na contínua contemplação de Cristo, que deu a vida por amor, não é difícil ler toda a história da salvação como progressiva revelação e manifestação do amor infinito, gratuito, redentor, do próprio Deus, do qual Cristo é como a "imagem" visível. E, de fato, segundo precisas afirmações da Escritura:

Deus se revela e se doa a nós em Cristo por amor: "Deus amou tanto [...] que entregou o seu Filho único" (Jo 3,16).

Toda a vida e obra de Cristo, pois, foi contínua epifania do amor: "Jesus [...] tendo amado os seus que estavam no mundo, amou-os até o fim" (Jo 13,1); amor ao Pai (Jo 14,31); amor à Igreja: "Cristo amou a Igreja" (Ef 5,25); amor por nós (Ef 5,2; Gl 2,20) etc.

Se todo o mistério cristão é lido à luz do amor, à luz de uma resposta de amor fiel e reconhecedor também é lida toda a ética cristã: "Amar a Deus de todo o coração" e "Amar ao próximo como a si mesmo" (Mt 22,34s).

Com certeza, também os sinais e símbolos têm sua importância. E, portanto, também a atenção devocional para certas coisas (como a cruz, as chagas, o sangue, o coração...) se referidas à Pessoa e iluminadas pelo amor, adquirem uma significação precisa. Mas não nos detenhamos nas "coisas"; não recitemos orações às coisas. Devemos utilizá-las, ao contrário, para aquilo que de fato são: símbolos verdadeiros e eloquentes de um Amor infinito; lugar e momento privilegiado da manifestação do Amor redentor; convite e sustento para uma caminhada de fé e que nos leva a viver e celebrar aquele "mistério dos mistérios que é o amor infinito de Deus", Pai e Filho e Espírito Santo.

Devoção, culto, espiritualidade. E agora, antes de encerrar esta breve resenha histórica, uma precisão de linguagem. Falando sobre o Coração de Jesus, vejamos os vocábulos usados muitas vezes: *culto*, *devoção* e *espiritualidade* não são termos sinônimos. Espontaneamente, então, nos perguntamos o que quer dizer "culto", e o que, ao contrário, "devoção" ou "espiritualidade". Vejamos em poucas palavras:

A palavra *culto*: falemos de culto eucarístico, culto a Nossa Senhora, culto aos santos. Que significado tem? A palavra culto (do latim "*colere*" = cultivar, honrar) significa reconhecer a dignidade, a importância, o valor que efetivamente tem uma coisa, uma pessoa. O culto a Deus é culto supremo, isto é, reconhecer que Deus é também para mim o valor supremo: nada pode estar-lhe acima ou equiparado a ele. O culto a Nossa Senhora é reconhecido como superior ao dos santos: é reconhecê-la por aquilo que é realmente, a Mãe do Salvador. O culto dos santos: cada santo é honrado segundo a sua santidade.

A palavra *culto* é usada especialmente quando se refere a *um ato oficial de culto* e, como tal, prescrito pela Igreja: por exemplo, no calendário litúrgico, para cada dia do ano existem alguns santos, indicando o respectivo grau de culto que a Igreja quer que a eles se dedique: lembrança facultativa, lembrança obrigatória, festa, solenidade... para indicar o grau e a importância do culto a ser prestado. É a Igreja quem determina essa medida do culto que é solicitado, e pede que todos os fiéis o reconheçam e o professem. Trata-se de culto religioso como ato oficial; é interpretado, portanto, como "ato de Igreja".

Os nossos atos de culto, previstos pelo calendário litúrgico, devem ser sinceros, deve haver coerência entre culto e vida; mas os atos de culto como tais podem ficar limitados àquele dia. Não somos obrigados a fazer a cada dia um ato de culto a Santo Antônio ou a Santa Rita.

Devoção, ao invés, quer dizer que uma pessoa se dedica, sente-se ligada afetivamente a uma outra. Uma pessoa devota = ligada afetivamente a um santo, mais que aos outros. Assim, um devoto de Santo Antônio lembra o seu santo frequentemente, com afeto, e não somente em 13 de junho; reza a ele muitas vezes; procura honrá-lo com um círio, uma vela, ou uma oração, ou com o "pão de Santo Antônio", ou com uma novena etc. Assim, *o culto ao Coração de Jesus* a Igreja o solicita no dia da sua festa. Mas quem é "devoto do Coração de Jesus" não se limita à festa: quer uma imagem na parede; recita o ato de consagração; lembra-o na primeira sexta-feira do mês; pratica a comunhão ou a adoração eucarística reparadora, repete atos de confiança e o invoca repetidamente também para imitar seus sentimentos e virtudes. A palavra *devoção* reforça, portanto, uma ligação particular e afetiva e uma multiplicidade de práticas devocionais.

A palavra *espiritualidade*, por outro lado, indica um valor fundamental, ou um conjunto de valores importantes (da mensagem cristã) que são "inspiradores de um certo estilo de vida"; valores que alimentam e, juntos, requerem determinadas atitudes espirituais do indivíduo; valores que, de alguma maneira, animam e caracterizam toda a sua vida espiritual e apostólica. Pensemos no valor da obediência para um jesuíta; no valor da "santa pobreza" para um franciscano; no ideal missionário para São Francisco Xavier; no ideal da caridade para São José Cotollengo etc.

Assim, a espiritualidade eucarística (Jesus presente por amor) significa: colocar a eucaristia no centro da própria vida; tudo o que o devoto faz é orientado para a eucaristia e alimentado pelo amor a ela: a vida de oração e os compromissos do apostolado; a vida familiar e o eventual voluntariado, o serviço de caridade e a missão etc.

Sucintamente: *culto*, então, é alguma coisa oficial, prescrita pela autoridade competente; *devoção*, ao contrário, é deixada ao sentimento de cada um e comporta também um conjunto de práticas devocionais a um santo ou a um particular "mistério"; *espiritualidade*, por fim, indica um conjunto de valores infundidos, que dão sentido a nossa vida, que alimentam e caracterizam as nossas escolhas.

Desejaria fazer um outro esclarecimento não para confundir as ideias, mas para sinalizar para uma certa variação na utilização das palavras. Às vezes, de fato, os documentos do magistério nos lembram que o culto eucarístico, o culto do Coração de Jesus é compreendido como culto ao Amor infinito, que se revela a nós em Cristo crucificado e ressuscitado, e ao mesmo tempo como "norma" e forma "eminente" da vida cristã, sendo o amor o primeiro e o maior dos mandamentos. Em tal contexto, evidentemente, a palavra *culto* torna-se quase sinônimo de *espiritualidade*. O mesmo se aplicaria à palavra *devoção*, se alguém não se limitasse somente a qualquer prática devocional, mas cultivasse, em vez disso, ao Coração de Jesus uma devoção tão intensa e profunda que o leva a fundamentar toda a sua vida nesse "mistério de amor". Neste caso, também a palavra devoção torna-se quase sinônimo de espiritualidade.

Mas, se quisermos utilizar mais corretamente essas palavras, o *culto* é coisa oficial; a *devoção* é coisa pessoal ou de grupo e está ligada a muitas práticas, enquanto que a *espiritualidade* é um conjunto de valores que animam todas as opções de vida de uma pessoa.

Capítulo 2

Por uma espiritualidade bíblica do "Coração"

A palavra "Coração" na Bíblia[1]

Estudar a palavra "coração" na Bíblia é, para nós, como entrar em outro mundo. Ficamos primeiramente boquiabertos pela frequência com que o termo é usado: quase mil vezes. Mas surpreende ainda mais o fato de que muito raramente é encontrado para indicar o órgão físico que bate no peito — em somente 20% dos casos —, como nos exemplos: a flecha que atravessa o coração do rei (2Rs 9,24); dardos cravados no coração de Absalão (2Sm 18,14); o coração do peixe (Tb 6,5). Na maioria das vezes, ao contrário, a palavra "coração" é usada na Bíblia com um simbolismo muito amplo, tanto que, antes de falar de uma espiritualidade do Coração de Jesus, seria mais próprio falar de uma espiritualidade bíblica do coração. Mas qual "significado" lhe é atribuído exatamente?

---

1. Este capítulo retoma livremente a contribuição já dada no volume *La spiritualità riparatrice*. Bolonha: EDB, 1990, 49-64.

a) Coração e "conhecer"

À pergunta: "Por que Deus nos deu um coração?", todos nós respondemos: "Deus nos deu um coração *para amar*".

O homem bíblico, ao contrário, responde: "Deus nos deu um coração *para pensar, para conhecer*". Eis como se exprime o Deuteronômio 29,3: "[...] o Senhor não vos tinha dado *um coração para compreender*, olhos para ver e ouvidos para ouvir" (cf. Sl 33,11: "*Cogitationes Cordis eius*"); os desígnios do coração; os projetos ou os caminhos do coração...

Também no Novo Testamento encontramos:

Marcos 2,6ss: "Alguns escribas refletiam em seu *coração*: 'Aquele [...] blasfema!' [...]. Jesus lhes disse: 'Por que pensais assim em vossos *corações*?'".

Lucas 24,25: Emaús... "Insensatos e lentos de *coração* para crer nas palavras dos profetas!", isto é, "*corações* que não entendem".

E o Salmo 90,12: "Ensina-nos a contar nossos dias para que tenhamos um coração sábio".

b) Coração e "memória"

Estreitamente ligado ao "conhecer" está *recordar* (coração e "memória"); cf. também a etimologia de "*recordar*" e "*aprender pelo coração*". Um significado simbólico que na Bíblia tem uma íntima relação com a vida da fé. Um recordar que se torna "fidelidade". Assim as palavras da aliança devem ser *conservadas no coração*, e até *esculpidas no coração*, para se tornarem alimento para uma vida de fé e fundamento de uma esperança orante:

Deuteronômio 4,39; "Portanto, reconhece hoje e medita em teu coração: o Senhor é o único Deus, e não existe outro".

Deuteronômio 6,6: "Que estas palavras que hoje te ordeno estejam em teu coração".

Deuteronômio 11,18: "Ponde estas minhas palavras no vosso coração".

Assim também no Novo Testamento: "Maria, contudo, conservava cuidadosamente todos esses acontecimentos e os meditava em seu coração" (Lc 2,19; cf. também 1,66; 2,51).

c) *Coração e "sentimentos"*

Um terceiro significado simbólico da palavra "coração" faz referência aos "sentimentos" interiores do ser humano. É um leque muito amplo: alegria e dor, bondade e maldade, confiança e desespero, desejo e medo, [...] e, acima de todos os outros: ódio e amor.

Alegria, desejo, gratidão: "O meu coração exulta no Senhor" (Ana, pelo dom da maternidade: 1Sm 2,1); "Por isso meu coração se alegra, minhas entranhas exultam" (Sl 16,9); "Meu coração e minha carne exultam pelo Deus vivo" (Sl 84,3).

Amargura, angústia, confiança: "Meu coração está quebrado dentro de mim, estremeceram todos os meus ossos" [...] "o meu coração está estraçalhado... o meu coração chora" (Jr 23,9; 48,36). E, ao contrário, a confiança: "Ainda que um exército acampe contra mim, meu coração não temerá" [...] "Fortalece o teu coração e espera no Senhor [...]" (Sl 27,3.14).

Coração e amor: Amor de Deus por nós; amor a Deus: tema central da Bíblia; é compreensível que esteja fortemente ligado ao simbolismo do coração. Texto clássico, o *Shema Israel* (Dt 6,4ss) é repetidamente lembrado por Jesus também no Novo Testamento: "Ouve, ó Israel: o Senhor nosso Deus é o único Deus [...] amarás o Senhor teu Deus de todo o teu coração, com toda a tua alma e com toda a tua força. Que estas palavras que hoje te ordeno estejam em teu coração!" (cf. também Dt 4,39; 10,12; 11,13, entre outros, e Mt 22,37 e paralelos).

O coração espelho da alma

Devido a essa riqueza de significado, frequentemente a palavra "coração" aparece, na Bíblia, como símbolo da pessoa em sua totalidade, tanto que poderia ser substituída pelo nome ou pronome da pessoa de quem se fala, sem qualquer dificuldade. Por exemplo, é indiferente ler: "o meu coração exulta no Senhor" (cf. 1Sm 2,1) ou "Eu exulto no Senhor".

O significado é idêntico, mas com este matiz: quando se usa a palavra "coração", deseja-se destacar a intensidade da emoção e a pessoa é vista como de fato é *em sua interioridade mais recôndita*, portanto, os pensamentos, os sentimentos íntimos, os projetos secretos... Tal conotação é particularmente evidente em Jeremias 31,33s: "Porei minha lei no *fundo* de seu ser e a escreverei em seu *coração*". Então [...] todos me conhecerão" (note-se o paralelismo entre *fundo* e *coração*, e a ligação entre coração e conhecimento).

Particularmente evidente é esse enfoque dado à interioridade quando o sujeito de quem se fala é Deus. E célebre a expressão no Gênesis 6,6: "O Senhor arrependeu-se de ter feito o homem sobre a terra, e afligiu-se o seu coração" (expressão que sublinha a intensidade da dor de Deus).

Um outro exemplo pode ser encontrado em Oseias 11,8: às ternuras de Deus, o seu povo responde com a pior ingratidão; pelo instinto, ingratidão se responde com um merecido castigo. Mas não é assim com Deus em seu amor. "Meu coração se contorce dentro de mim, minhas entranhas comovem-se". Aqui também "coração" e "interioridade", "coração" e "misericórdia".

Nesses casos, o coração é visto como o *espelho da alma*: é a pessoa mesma, mas vista nas suas raízes profundas, onde cada um é plenamente ele mesmo. Se existe verdade no coração, toda a pessoa está na verdade. Baseando-se nesse simbolismo, a Bíblia tem cunhado uma série de expressões para caracterizar as pessoas com apenas uma palavra. De um lado: coração ruim, malvado, ímpio, orgulhoso, duro, obstinado etc.; por outro lado: coração humilde, manso, simples, puro, fiel, sábio etc.

Fala-se de "coração" para indicar as pessoas que possuem essas qualidades, boas ou ruins.

Ninguém poderá, então, dizer que conhece plenamente uma pessoa, até que lhe tenha conhecido e tocado o coração. Conhecer o coração de um homem, de fato, não significa conhecer o seu nome ou a sua fisionomia, mas conhecer-lhe os pensamentos, os afetos, os projetos escondidos, as inclinações etc. Essa tarefa não é fácil, se for verdadeiro o que diz a Bíblia: "Um turbilhão é o homem; o seu coração, um abismo" (Sl 64,7).

A consequência: somente Deus pode conhecer o coração do homem: é uma prerrogativa sua exclusiva; torna-se um atributo que somente a ele compete: "Deus sonda [perscruta] corações e rins"[2] (Sl 7,10; Jr 11,20; 17,10; Ap 2,23).

---

2. *Scrutans corda et renes Deus*. (N. da R.)

Segundo a Bíblia, o coração não é somente uma imagem literária sugestiva da consciência ou dos sentimentos interiores do homem. Ao contrário, o coração é o "lugar" onde se concentra todo o nosso ser; é a parte interior de nós mesmos, donde se originam as nossas decisões últimas e onde vivem as nossas experiências decisivas. *O meu coração está lá onde eu sou mais eu mesmo.*

É a própria fonte de tudo aquilo que o homem é, ou decide ser ou fazer. Se o seu coração é bom, tudo é bom nele; se o seu coração é malvado, tudo nele é ruim. "É de dentro do coração dos homens que saem as intenções malignas: roubos, assassínios, adultérios […]" (Mc 7,21). Mas é também do coração que nasce a busca de Deus: "Meu coração diz a teu respeito: 'Procurai sua face!'" (Sl 27,8), assim também o propósito da conversão ("Rasgai os vossos corações, e não as vossas roupas, retornai ao Senhor, vosso Deus", Jl 2,13); e também a obediência à fé e a fidelidade ao amor: "Quem crê de coração obtém justiça" (Rm 10,10).

Então: tudo aquilo que o homem é ou se propõe a ser tem de partir do coração.

Um coração verdadeiro: eis o que vale

As qualidades do coração, que são as raízes profundas de uma pessoa, podem ser manifestadas por meio de gestos ou palavras, mas também podem ser *dissimuladas* ou mantidas em segredo. Portanto, temos a possibilidade de sempre sermos enganados sobre a verdade do nosso próximo, podendo discernir somente as aparências. Isso não é assim com Deus. "Os homens veem apenas com os olhos, mas o Senhor olha o coração" (1Sm 16,7; 1Rs 8,39 etc.).

Disso todos nós estamos convencidos. E, no entanto, em cada povo e desde sempre, a tentação de multiplicar as práticas cultuais, sem comprometer a vida, é intensa. É a repreensão de quase todos os profetas contra o culto hipócrita de certa gente. É um estribilho, repetido no Antigo e no Novo Testamento: "Esse povo me glorifica com os lábios; mas o seu coração está longe de mim" (Is 29,13; Mc 7,6 e paralelos). E é fatal que assim seja, se nos deixamos tiranizar pela sedução do prazer, do ter ou do poder, pois *"onde está o vosso tesouro, aí estará também o vosso coração"* (Lc 12,34).

O simbolismo do coração sublinha com intensidade que uma vida espiritual é verdadeira, autêntica somente se há coerência entre oração e escolhas de vida, entre o nosso coração e o coração de Deus.

A verdade de uma pessoa é o seu coração. Se o coração está na verdade, tudo é verdadeiro, tudo é amor nele. Trata-se da verdade conosco mesmos, da consonância das nossas palavras e ações com aquele que se define "perscrutador dos rins e dos corações": Deus (Sl 7,10).

Uma pessoa ama verdadeiramente a Deus, se o amor que exprime com os lábios, lhe arde verdadeiramente no coração. Uma oração de louvor a Deus é verdadeira e bem aceita por ele, quando na verdade brota do coração e exprime os sentimentos mais verdadeiros do coração.

Amar a Deus de "todo" o coração

"Ouve, ó Israel: o Senhor é nosso Deus é o único Deus [...] amarás o Senhor teu Deus com todo o teu coração, com toda a tua alma e com toda a tua força. Que estas palavras que hoje te ordeno estejam em teu coração!" (Dt 6,4).

"'Mestre, qual é o maior mandamento da Lei?' Respondeu-lhe [Jesus]: 'Amarás ao Senhor teu Deus de todo o teu coração, de toda a tua alma e de toda a tua mente. Este é o maior e o primeiro mandamento. E o segundo é semelhante a esse: Amarás ao teu próximo como a ti mesmo'" (Mt 22,36ss; Mc 12,28ss).

O amor antes de qualquer coisa. O seu amor acima de qualquer coisa, um amor fiel, um amor total: isto Deus espera de seu povo. Deus, o Único, não pode ficar contente com um amor qualquer. É necessário amá-lo com um amor verdadeiro, de coração verdadeiro, de todo o coração. Esta exigência de totalidade, de plenitude, é repetida fartamente na Bíblia. O texto fundamental é o *Shema Israel*, que acabamos de citar. É um dos textos mais sublimes da literatura religiosa mundial, repetido tal e qual no Antigo Testamento (Dt 6,4s; 10,12; 11,13; 13,3ss; 30,6 etc.) como no Novo Testamento (Mt 22,37; Mc 12,30; Lc 10,27).

Também *outras expressões* do Antigo e do Novo Testamento, sempre relacionadas ao simbolismo do coração, repetem essa exigência de totalidade e de plenitude, como: "Todo coração, coração perfeito e verdadeiro, coração alegre, de todo coração, um coração dilatado"[3] etc.

Mas o homem é capaz de amar assim a seu Deus? Essa é a pergunta que nos surge espontaneamente diante de semelhantes textos. O homem, deixado a si mesmo, é capaz de semelhante amor? Não se trata talvez de uma louca utopia, de um sonho bonito, mas irrealizável?

---

3. *Toto corde, perfecto corde atque verissimo, ilari corde, omni corde, dilatato corde.* (N. do E.)

Um primeiro motivo para duvidar disso vem da própria Escritura, e exatamente de Gênesis 6,6, um texto muito conhecido que, mesmo usando a simbologia do coração, descreve seja o mal que está no coração do homem, seja o arrependimento (poder-se-ia dizer o desvio) de Deus, quando constata que o homem por ele criado é incapaz de amor fiel. "O Senhor viu que a maldade dos homens era grande sobre a terra e que todo o desígnio concebido *em seu coração* não era outro senão o mal. E o Senhor se arrependeu de ter colocado o homem sobre a terra e isso afligiu *o seu coração*". A versão latina recita: "Tocado pela dor dentro do coração"[4]! Portanto, o nosso coração que reassume e exprime o mistério do homem, é um mistério de maldade. Ao mesmo tempo, o trecho do Gênesis nos diz que também Deus tem um "coração", e também em Deus o coração exprime o mistério mais profundo do seu ser; neste caso, mistério de profunda amargura.

Também a experiência nos diz que o homem, somente com suas forças, não é capaz de amar a Deus "de todo o coração"; antes de tudo, não é capaz de doar-lhe um amor verdadeiramente fiel. Frequentemente o promete, até de maneira pública e solene. E frequentemente renova, também, uma tal promessa, nas orações; nas grandes circunstâncias da vida; em ocasiões de celebrações públicas... mas a experiência universal de todos os homens, em todos os séculos, não deixa de repetir que o homem, abandonado a si mesmo, não é capaz de amor fiel.

---

4. *Tactus dolore cordis intrinsecus.* (N. do E.)

A atitude do homem bíblico

Todos reconhecem que o coração do homem não consegue permanecer neutro frente à potestade do mal. Espontaneamente, então, convém nos perguntarmos: como reage o homem bíblico frente a esta situação, que parece contraditória: Deus que pede um amor total e, ao mesmo tempo, a constatação de que o homem, sozinho, é absolutamente incapaz disso? A Bíblia mostra três maneiras de reagir:

a) *Primeiramente os ímpios*, os arrogantes, os "corações orgulhosos" nada procuram, não se interrogam: para eles o problema não existe, pois são incapazes de ver Deus na história. Segundo eles, Deus mesmo "não se ocupa disso"; antes, para a maioria, Deus nem mesmo existe: "Deus não existe" (Sl 10,4); "O insensato diz no seu coração: Deus não existe!" (Sl 14,1; 53,2; 73,11).

b) *A atitude do crente*: A constatação de sentir-se assim débil e inconstante no seu amor a Deus suscita, no crente, a necessidade da oração: uma oração humilde, na qual reconhece o próprio pecado, e também uma súplica confiante para que Deus mesmo intervenha para mudar o coração: Sl 51: "Eis que nasci na iniquidade [...] Eis que amas a verdade no fundo do ser [...] (por isso tu, ó Deus), cria em mim um coração puro [...] Um *coração contrito e humilhado* tu, ó Deus, não desprezas" (notar a tensão espiritual profunda, e o simbolismo do "coração").

c) *Na consciência do profeta*, a constatação dessa contradição entre exigência de santidade e incapacidade de amor fiel torna-se profecia de um coração novo. Certamente, é frequente também a advertência ao ser humano para que não permaneça inativo: "Circuncidai o vosso coração" (Dt 10,16); "Formai um coração novo!" (Ez 18,31). Mas isso se torna possível somente quando Deus mesmo intervier para "circuncidar o coração de seu povo" (cf. Dt 30,6): "Derramarei água sobre vós e ficareis puros [...] Dar-vos-ei coração novo, porei no vosso íntimo um espírito novo, tirarei do vosso peito o *coração de pedra e vos darei um coração de carne*. Então [...] sereis o meu povo e eu serei o vosso Deus" (Ez 36,24ss).

Texto maravilhoso, no qual encontramos três vezes a palavra "coração" e duas vezes a expressão "coração novo"! Com esse texto, o profeta Ezequiel anuncia, portanto, que Deus mesmo virá e, com o dom do seu Espírito, *tirará* do nosso peito o coração de pedra, duro e fechado em seu egoísmo, e nos doará um coração novo, um coração verdadeiramente capaz de amar como ele deseja!

Esse anúncio profético ilumina, desde então, o caminho da humanidade.

Os tempos messiânicos serão caracterizados, com certeza, por uma efusão extraordinária do Espírito sobre o povo de Deus, para comunicar a todos aquele coração novo, anunciado pelos profetas.

Concluindo. Desejaria sublinhar quão diferente e quão rica é essa visão bíblica da palavra coração no que se refere à linguagem e às imagens frequentemente sentimentais do uso corrente: "Te quero bem"; "Nós nos queremos bem" etc.

Para o homem bíblico, o coração é o lugar onde se realiza o encontro do homem com Deus, o "santuário interior" do seu doar-se por amor; e somente se acolhermos essa sua divina presença com a totalidade da nossa pessoa e até nas raízes profundas do nosso ser, toda a nossa vida ficará transformada e animada por essa caridade teologal que é fruto e dom da ação do Espírito.

Na Bíblia o pensamento, quando é pensamento de Deus, é todo assinalado pelo seu amor infinito. Por isso não existe separação entre pensamento e amor. O seu pensar é sempre também amor; e o seu amor é sempre também verdade, isto é, amor verdadeiro, amor profundo, amor fiel. Então, também o homem, sendo criado à imagem de Deus, é chamado a ter um coração no qual amor e verdade se equivalem; isto é, chamado a ter e cultivar uma "caridade teologal" (dom de Deus e, ao mesmo tempo, compromisso do homem) por força da qual o amor do nosso coração (para com Deus e para com o próximo) seja amor verdadeiro, amor profundo (a interioridade do coração), amor fiel (memória e profecia).

Essa rica simbologia da palavra coração supõe embasamento cultural original e estimulante, porque é evidente que, em nossa linguagem corrente, dificilmente ela traz em si essa riqueza de significado. Somente Blaise Pascal (†1662) e alguns poucos sabem falar das "razões do coração" e nos lembram que "o coração tem razões que a mente nem sempre compreende".

Simbolismo bíblico do "Coração" no Novo Testamento (resumidamente)

O Novo Testamento usa a mesma linguagem e conhece o mesmo simbolismo do coração que vimos no Antigo Testamento.

Marcos 2,8: "Por que pensais assim em vossos corações?".

Lucas 24,25: "Insensatos e lentos de coração…".

Mateus 6,21: "Onde está teu tesouro, aí estará também teu coração".

Também no Novo Testamento, o grande mandamento do amor vem formulado recorrendo à simbologia do coração: "Amarás [...] de todo coração" (Mt 22,37; Mc 12,30; Lc 10,27).

Os profetas haviam anunciado o dom do Espírito Santo para transformar os corações (Ez 36); os Atos dos Apóstolos, na narrativa do Pentecostes, descrevem a efusão do Espírito no coração de todos os que creem (At 2); e é pelo dom do Espírito Santo que muitos se convertem e alcançam a fé.

Junto ao dom do Espírito Santo, os profetas haviam anunciado o dom de um coração novo. O Novo Testamento descreve a realização desse anúncio mais uma vez por meio do simbolismo do coração: "*Caritas Dei* [...] o amor de Deus foi derramado em nossos corações, pelo Espírito Santo que nos foi dado" (Rm 5,5). É, portanto, na profundidade, ao nível do coração, que se firma a nova aliança "no amor"; "De fato, com o coração se crê, para obter a justiça" (cf. Rm 10,9). Gálatas 4,6: "Deus enviou aos nossos corações o Espírito de seu filho que clama: 'Abba, Pai'". Assim, não somos mais escravos, mas filhos! O mesmo Espírito, que inspira o coração de Cristo, inspira também o nosso coração; e é ele que o abre para Deus porque o amamos como pai; mas o abre também aos outros homens, para que possamos acolhê-los e amá-los como nossos irmãos.

E assim, renovados individualmente cada qual em seu próprio coração, descobrimos que somos todos vivificados pelo mesmo Espírito; então, todos somos membros do corpo de Cristo, unidos uns aos outros na mística solidariedade eclesial, formando "um só coração e uma só alma", como se lê nos Atos 4,32, para ser na Igreja e na sociedade proclamação e testemunho profético de um novo modo de viver os fatos humanos;

atestando assim que a fraternidade trazida por Cristo é possível e já age na história.

Porém, é necessário acreditar no amor até o extremo, como Cristo que, "tendo amado os seus, amou-os até o fim" (Jo 13,1). E para que isso também seja possível a nós, a nossa reflexão se transforma em oração, para que o Pai "vos conceda […] ser suficientemente fortalecidos em poder pelo seu Espírito no homem interior. Que Cristo habite pela fé em vossos corações (é sempre o simbolismo do coração!) e, assim, arraigados e fundados no amor […] possais conhecer o amor de Cristo que excede todo conhecimento" (Ef 3,16-19).

Capítulo 3
O Coração de Deus segundo a Bíblia

Na Bíblia se fala muito de Deus, e com uma linguagem muito humana. Fala-se da face de Deus, das mãos de Deus, algumas vezes também do "coração de Deus". Esta nossa busca é como um primeiro passo sobre aquele ensinamento que nos é proposto pelo papa Pio XII na sua encíclica *Haurietis aquas*, e que diz: "O culto ao Coração de Jesus é o culto do amor que Deus tem por nós em Cristo Jesus e, ao mesmo tempo, a prática do nosso amor a Deus e aos irmãos".

É curiosa essa definição, porque não diz que o culto ao Coração de Cristo é o culto do amor de Cristo, mas diz: é o culto do amor de Deus, que chega até nós pelo Coração de Cristo. Por ele o amor de Cristo torna-se e é considerado como um sinal humano, a verdade presente e encarnada do amor eterno do Pai, que chega até nós pelo simbolismo do coração transpassado, tornando-se incitação, em Cristo, ao amor de Deus e do próximo.

É importante essa visão teocêntrica da devoção ao Coração de Jesus, porque a vida e a espiritualidade cristãs são participação da vida filial de Cristo: de Cristo que é o adorador do Pai e o revelador do Pai e, portanto, "mediador"; mas vai e termina naquele ao qual o mediador nos leva. Este enfoque teocêntrico é uma das características da renovação da espiritualidade do Coração de Jesus, seja no sentido indicado pelo pontífice: o Coração de Jesus revelação do amor de Deus por nós; seja na teologia da reparação, que nos pede para reparar "com Cristo reparador" para a alegria e a glória do Pai e para a vinda do seu reino de amor no mundo.

Este chamado para uma visão mais bíblica do mistério cristão encontra-se repetido lá onde o papa nos recorda que os elementos e as características desse amor de Deus em Cristo devem ser procurados na Bíblia. Para isso, convida-nos a reler toda a história da salvação como uma progressiva revelação do amor de Deus para com o seu povo.

A tua face eu procuro, ó Senhor

A procura de Deus, a procura de um encontro com ele, o desejo de ver a sua face (ânsia profunda de todo coração humano), estão presentes, com maior ou menor intensidade, em qualquer religião. Exprimem a própria alma de cada religião, de cada forma de culto.

É muito importante examinar a ideia que fazemos de Deus, porque dela dependem muitas coisas: como conceber não somente a vida religiosa, mas também as relações com os outros, a própria ordem da sociedade: fanatismo, intolerância, solidariedade...

A procura por Deus é particularmente intensa e sofrida na Bíblia, sobretudo no Antigo Testamento. No Salmo 27, a expressão: "É tua face, Senhor, que eu procuro" tem uma ressonância espiritual profunda: a *face* evoca teofania, contemplação, alegre intimidade. Pela oração e pela liturgia, o fiel vive na primeira pessoa essa experiência íntima e profunda de Deus, sente-o próximo e se alegra. No versículo 4, o salmista exprime ilimitada confiança: "Uma coisa tenho pedido, e só essa eu procuro: habitar na casa do Senhor". Esse desejo, de ver a Deus, é como que o conteúdo e a substância de toda oração do Antigo Testamento: é isso mesmo que Moisés pede no monte (Ex 32-34), mesmo sabendo que não nos é dado ver a face de Deus, mas somente escutar à sua voz. Eis o mistério da procura de Deus, o mistério de um vulto que é impenetrável, todavia como um ímã escondido exerce uma atração irresistível sobre todos os corações.

Um outro salmo que descreve esse intenso desejo de ver a Deus é o salmo 42: "Como a corça anseia por águas correntes, assim a minha alma anseia por ti, ó Deus. A minha alma tem sede de Deus, do Deus vivente. Quando voltarei a ver a face de Deus?". No deserto não é fácil encontrar uma poça d'água, e, sem água, morre-se. Por isso, a procura de uma poça d'água ou de um oásis se exprime com ânsia mortal. Diz-se que tal é o faro da corça que consegue encontrar um pouco de água, que ficara parada após um temporal, ou que aflora por um momento atrás de uma duna de areia ou do saibro de uma torrente. Assim, quando a sede é intensa, guiada por este faro procura-a ansiosamente, emitindo como que um gemido, chamado precisamente de "gemido da sede". E se de fato ela encontra a água, para a corça é a vida (cf. também Sl 63; 84 etc.).

Esse gemido da corça sedenta torna-se expressão vívida do desejo profundo da alma essencialmente religiosa, que anseia com todas as forças por Deus, procurando o encontro com ele na oração, no desejo de conhecer a sua vontade, no desejo de viver no seu amor. E então pode repetir com veracidade: "Como a corça anseia por águas correntes, assim a minha alma anseia por ti, ó Deus". Outras expressões semelhantes: "Tu nos fizeste para ti, Senhor. O nosso coração fica inquieto enquanto não repousa em ti" (Santo Agostinho). E Santa Teresa de Lisieux (†1897): "A tua face, Senhor, é a minha única pátria".

Uma revelação progressiva do seu amor

"Ninguém jamais viu a Deus" (Jo 1,18). Ele, porém, revelou-se com gestos e palavras, progressivamente, através de toda a história da salvação, até aquela manifestação plena do "Filho unigênito, que está no seio do Pai, este o deu a conhecer" (Jo 1,18). Assim a história da salvação tornou-se também a história da revelação progressiva de Deus e do seu amor. Uma manifestação que se cumpriu em etapas sucessivas, com momentos luminosos; mas frequentemente também com um jogo de sombras e luzes. A Bíblia de fato é um livro totalmente divino, porque inspirado por Deus; e também totalmente humano; assim, pode acontecer que a realidade do divino, refletida no espelho da palavra humana, fique parcialmente ofuscada pelas resistências humanas; por isso, em certas páginas do Antigo Testamento, a ideia de Deus que emerge, aparece limitada à concepção que, naquele tempo, os homens religiosos faziam de Deus.

Portanto, se alguém ler toda a Bíblia na ordem sequencial, encontrará algumas páginas que falam do amor de Deus, mas também outras que falam da sua "justiça inexorável; grande é o seu amor, mas grandes e tremendos também os seus castigos; Deus que ama "o seu povo", e ordena "o extermínio dos seus inimigos" [...]. Por que Deus pede essas crueldades para o seu povo? Eis o mistério de Deus...

Mas devemos observar que as palavras que lemos na Bíblia não *são palavras que o próprio Deus diz diretamente a nós*. A Bíblia é a história religiosa de um povo, escrita por inspiração de Deus. É uma história de um povo *continuamente provocado por Deus*, mas que somente de maneira lenta consegue superar os seus preconceitos, sair de seus ódios raciais e do seu fanatismo religioso, para chegar a uma compreensão mais verdadeira do mistério de Deus. E a Bíblia registra esse lento e difícil caminho.

O próprio Jesus explicará, no Evangelho, que Moisés permitiu a prática do divórcio aos hebreus, porque eram *de mentalidade dura* (Mt 19,7).

Ora, no tempo de Moisés, os hebreus tinham o conceito de um Deus "justo, severo e rígido": a sua lei deve ser respeitada; quem não obedece seja enviado à morte (Ex 32; Ex 35,2; Lv 24,15; Gn 6 e 7 etc.). Para os hebreus a atitude religiosa fundamental era, portanto, o medo dos castigos, o temor servil, que somente em algumas páginas dos salmos e dos sapienciais evoluirá para "temor filial": "O temor do Senhor é o Início da sabedoria"[1] (Sl 111,10; Sr 1,16). Para o apóstolo Paulo, a passagem do Antigo Testamento para o Evangelho definir-se-ia como uma passagem do medo para a confiança "filial" (Rm 8; Gl 4).

---

1. *Initium sapientiae timor Domini*. (N. do E.)

A mensagem dos profetas

A manifestação de Deus, porém, não para frente a essas manifestações que incutem medo. Também no Antigo Testamento encontramos páginas maravilhosas sobre o mistério de Deus "aliado do homem", sobre a bondade, sobre seu amor misericordioso. Para o homem, sempre duro de coração, torna-se difícil entender o mistério de Deus: Deus... ou é justo, e, portanto, inexorável com quem o trai, ou não é Deus.

Mas o Deus da aliança não tolera por muito tempo essa "caricatura" de sua imagem. Fato marcante, nesse caminho de revelação progressiva, é a experiência de Moisés (Ex 32-34) que, constatado ser o fanatismo somente causa de violências e de morte, grita: "Rogo-te, Senhor, que me mostres a tua glória" (Ex 33,18); e lá sobre o Sinai, escondido na cavidade da rocha, ouve a voz que proclama: "Senhor, Senhor; Deus de ternura e de piedade, lento para a cólera, rico em graça e em fidelidade" (Ex 34,6).

Os salmistas e os profetas frequentemente se basearam nessa extraordinária teofania, como o Salmo 136, que relê toda a história de Israel à luz de Deus/Amor ("porque o seu amor é para sempre!").

— Um amor que, em Oseias 2, revela-se como um amor esponsal. Também como um amor tão misericordioso e fiel, que não esmorece nem sequer diante da obstinada infidelidade da esposa. "Processai vossa mãe, processai. Porque ela não é minha esposa, e eu não sou seu esposo". Em seguida, porém, salienta que a sua vontade não é o castigo pelo castigo, mas para levá-la à conversão. De fato, depois do castigo prossegue: "Eu mesmo a seduzirei, conduzi-la-ei ao deserto e falar-lhe-ei ao coração [...] Ali ela responderá como nos dias de sua juventude, como no dia em que subiu da terra do Egito". E conclui: "Eu te desposarei para sempre, eu te desposarei na justiça e no direito, no amor e na ternura". É um convite para um conhecimento de intimidade, de reciprocidade, de amor fiel!

— Um amor que em Oseias 11, revela-se como amor de pai, terno e fiel, também se o filho é assim tão obstinado na infidelidade que vem espontaneamente também a Deus o pensamento: "Deverei entregá-lo aos seus inimigos". Mas logo se corrige: "Como poderei fazer isso? *O meu coração se contorce dentro de mim*, as minhas entranhas se comovem de compaixão. Não executarei o ardor da minha ira [...] porque sou Deus e não um homem" (Os 11,8). Notável essa indicação ao seu *coração que se comove*. Quase a dizer que para conhecer verdadeiramente a Deus no seu profundo mistério, não são suficientes as suas palavras, nem os traços da sua face. Deus é um *coração*. Deus é amor! O mistério da transcendência de Deus se revela a nós como um coração, um amor, incapaz de matar e castigar um filho, ainda que extraviado e infiel. Pois ele é Deus que tem um coração, e o coração de Deus não pode deixar-se levar pela ira ou pelo desejo de vingança contra alguém que lhe é filho! Assim é o seu *coração*: "lento para a ira e grande no amor".

— Um amor, *paterno e esponsal*, que reencontramos em Isaías 62,5, e que se torna alegria do esposo para poder amar a esposa; alegria do Criador em poder amar a sua criatura: "Como o jovem desposa uma virgem, assim te desposará o teu edificador, e como a alegria do noivo pela sua noiva, tal será a alegria que teu Deus sentirá em ti". Um amor alegre, festivo, como no dia das núpcias. Amor alegre de Deus e amor alegre da esposa, que se sentem plenamente realizados nesse alegre encontro de amor.

— Um amor que se torna *esperança segura*, ainda em Isaías 49,15. Desta vez o profeta evoca o clima alegre do retorno do exílio, e o faz com tanta euforia que *custa a acreditar que isso seja possível*. Então Isaías insiste: "Sião disse: O Senhor me abandonou", mas o Senhor responde: "Por acaso uma mulher se esquecerá de sua criancinha de peito? […] E ainda que as mulheres se esqueçam, eu não te esquecerei jamais. Eis que eu te gravei na palma das minhas mãos!". O nome da esposa, o nome da cidade santa, desenhado na palma das mãos de Deus, como uma tatuagem, pela qual ser-lhe-ia impossível esquecer esse nome. O seu amor é fiel. A sua aliança é eterna. Um vínculo de amor que jamais se arrefecerá!

O *Te Deum* do Antigo Testamento

Uma síntese muito feliz sobre esse tema do amor de Deus para com o seu povo pode ser encontrada no Salmo 103, a quem a Bíblia de Jerusalém dá como título: *Deus é amor*. Os comentários o definiram como "o *Te Deum* do Antigo Testamento": "Bendize ao Senhor, ó minha alma, e tudo o que há em mim ao seu nome santo; e não esqueças nenhum dos seus benefícios". É um convite urgente para bendizer a Deus, para não esquecer os seus benefícios! Convite que o salmista dirige à sua própria consciência, uma quase duplicação do próprio "eu"; e, ao mesmo tempo, "bendizer ao Senhor".

É uma atitude cheia de gratidão para com o Senhor, cheia de estupor contemplativo diante das grandes obras de Deus, por isso lhe surge espontaneamente bendizer a Deus.

Qual o motivo para bendizer a Deus? E responde: ele perdoa, ele cura, ele redime da cova, ele te coroa de graça e misericórdia... É uma ladainha dos benefícios de Deus e são todos benefícios de amor misericordioso! O versículo 8 evoca as palavras da grande teofania do Êxodo até Moisés: "Deus é bom e grande no amor", omitindo, porém, o versículo final sobre Deus "que castiga as culpas", quase que ressaltando ainda mais que se trata de um amor sobretudo misericordioso.

Quão grande é o amor de Deus por nós? São três as medidas usadas para indicar, de algum modo, as dimensões do amor de Deus, mas dimensões levadas ao extremo: uma vertical: "como é alto o céu sobre a terra"; uma horizontal: "como dista o oriente do ocidente"; e uma psicológica, que se refere ao amor paterno: "como um pai é compassivo com o filho" [...]. Isso porque "o Senhor sabe que somos pó e cinzas, enquanto a sua graça dura para sempre" [...]. E conclui, como havia começado, com um convite dirigido a todas as criaturas para que bendigam ao Senhor; e, novamente, um convite ao próprio "eu": "Bendiz ao Senhor, ó minha alma!".

Salmo muito bonito. Convite caloroso para uma contemplação adorativa do amor infinito e misericordioso de Deus, visto à luz das suas obras, através da história da sua aliança eterna.

Todavia, tendo chegado a esse ponto, a encíclica *Haurietis aquas* nos adverte dizendo que "somente pelos Evangelhos chegamos a conhecer com perfeita clareza que [...] a aliança messiânica se manifesta como um pacto inspirado não por sentimentos de servidão e de temor, mas por meio daquela amizade que deve reinar [...] entre pai e filho" (n. 18), entre amigos, entre esposo e esposa; em outras palavras, pelo amor verdadeiro.

Palavra verdadeira sobre Deus, portanto, é somente o Verbo de Deus, Cristo Jesus, irradiação de sua glória, imagem visível de Deus invisível. Por isso, quando um de seus discípulos lhe pedir: "Senhor, mostra-nos o Pai!", Jesus responderá: "Felipe, quem me vê, vê o Pai!" (Jo 14,8s).

Meditar sobre os sentimentos e os gestos de amor de Cristo Jesus, então, é também meditar sobre o Coração de Jesus "culto do amor de Deus que se revela a nós por meio do Coração de Cristo". Deus é amor (1Jo 4,7ss); crendo na mensagem de Jesus, "Nós cremos no amor"[2] (1Jo 4,16).

---

2. *Nos credidimus caritati*. (N. do T.)

Capítulo 4

Jesus manso e humilde de Coração
(Mt 11,25-30; Lc 10,21s)

É importante, ao ler um texto bíblico, destacar a originalidade do trecho em relação a outros passos, para melhor acolher a novidade da mensagem nele contida, e ver a sua profundidade no contexto da história da salvação.

Vamos examinar agora um texto que é "clássico para a história e para a compreensão da espiritualidade do Coração de Jesus. Está em Mt 11,25-30: "Jesus manso e humilde de coração".

> Naquele tempo, Jesus disse: "Eu te louvo, ó Pai, Senhor do céu e da terra, porque ocultastes estas coisas aos sábios e aos doutores e as revelaste aos pequeninos. Sim, ó Pai, porque assim foi do teu agrado. Tudo me foi entregue por meu Pai; e ninguém conhece o Filho senão o Pai, e ninguém conhece o Pai senão o Filho e aquele a quem o Filho o quiser revelar. Vinde a mim, todos os que estais cansados sob o peso do vosso fardo, e eu vos darei descanso. Tomai o meu jugo sobre vós e aprendei de mim, porque sou manso e humilde de coração, e encontrareis descanso para vossas almas, pois meu jugo é suave e meu fardo é leve".

É um trecho muito original pelas coisas que diz e pelo modo como as diz: num diálogo com o Pai. Diálogos com Deus, como esse, são frequentes em João e são exceções nos Sinóticos; por isso se fala de "estilo joanino meteórico" que foi acabar, não se sabe como, nos Sinóticos.

Nesse trecho temos três momentos:

1. Hino de júbilo a Deus ("Eu te louvo, ó Pai").
2. A consciência que Jesus tem de si, consciência da sua humanidade, consciência do mistério que a sua humanidade traz ao mundo ("Tudo me foi entregue por meu Pai").
3. Jesus que se propõe como Mestre ("Aprendei de mim").

O hino de júbilo

"Eu te louvo, ó Pai, [...] porque revelaste estas coisas aos pequeninos."

Esta perícope chama-se *hino de júbilo* porque começa com palavras de alegria e sentimentos de gratidão (bendizer = dizer bem de) a Deus, que é o "Senhor do céu e da terra". Porém, ele, Jesus, se dirige a Deus, chamando-o "Pai" (quase um diálogo íntimo entre pessoas) com a mesma familiaridade de um filho para um "pai que ama". O trecho nos revela, portanto, a originalidade do modo de falar de Jesus e a originalidade dos seus sentimentos interiores quando se dirige a Deus. Esse fato já é uma grande novidade, porque nos revela algo da consciência filial de Jesus que consente numa linguagem de confiança e intimidade com Deus a ponto de chamá-lo "Pai".

Mas por que Jesus "bendiz" o Pai? Logo o explicita: porque escondeste estas coisas (as coisas da sabedoria de Deus, a revelação do seu amor, o seu modo de agir na história da Salvação); "mantiveste-as escondidas dos sábios e dos inteligentes e as revelastes aos pequenos".

O motivo de seu louvor ao Pai é uma explosão de alegria interior e de gratidão, não tanto pelas "obras grandiosas" da criação, mas porque ele se revela e se doa aos pequenos, aos pobres e aos discriminados. E conclui o seu hino de alegre gratidão pela obra de Deus com as palavras: "Sim, ó Pai, porque assim foi do teu agrado". Esse conceito é típico: "Deus que se revela aos pequenos". É Jesus que diz "sim" a Deus, um "sim" de plena adesão, antes de tudo "alegre" pelo seu amor aos pequenos. É como um *"ecce venio"* [eis que venho], e mais ainda: é plena aceitação; é um "colocar-se nas mãos de Deus" e dizer "sim" àquilo que fez e *como o fez*. E dizer "sim" à conduta que é típica de Deus na história da salvação, isto é, ao fato de Deus olhar com bondade, com predileção, com amor preferencial pelos pobres e discriminados.

O texto o exprime deste modo:

— A gratidão de Jesus pelo Pai, porque é "pai" e porque "ama os pequenos".

— Gratidão do Homem-Jesus porque ele mesmo se sente amado pelo Pai ainda que como "pequeno homem" (filho de homem).

— Exprime, acima de tudo, a vontade do Homem-Jesus de adaptar-se também à maneira de ser do Pai.

Isso equivale a dizer que a conduta de Deus passará a ser, cada vez mais, a conduta de Cristo, como o foi a conduta da Virgem Maria ("Senhor, eis aqui a tua serva" = *"ecce ancilla"*) e deverá transformar a conduta de cada pessoa que queira moldar os próprios sentimentos e o modo de ser, ao exemplo de Cristo e de Deus.

A consciência que Jesus tem de si

"Tudo me foi entregue por meu Pai."

Esta segunda parte do trecho nos faz compreender que a consciência humana de Jesus está *aberta ao mistério da realidade divina* presente na sua natureza humana enquanto "*Verbo encarnado*"; por isso, pode dizer: "Ninguém conhece o Filho senão o Pai, e ninguém conhece o Pai senão o Filho". Certamente, entre pai e filho, quando se cultivam relacionamentos verdadeiros, há um entendimento e um conhecimento recíproco que um estranho nunca poderá reivindicar. Mas quando um dos parceiros é o próprio Deus, Criador do céu e da terra, não pode deixar de surpreender que o Homem-Jesus use uma linguagem semelhante. Estabelece um paralelo entre si e Deus, paralelo que poderemos traduzir: "Eu te conheço, Deus, como tu me conheces".

O colocar-se no mesmo plano de Deus ao nível de sabedoria é uma das expressões mais audaciosas do Novo Testamento sobre a real divindade de Cristo, "homem" e ao mesmo tempo "filho de Deus". De um lado, temos o comportamento humilde e reconhecedor de Jesus porque Deus, guiado pelo amor misericordioso, fez boas todas as coisas; de outro, temos esta afirmação de Jesus-Homem o qual, não obstante tenha uma clara consciência de sua condição de *criatura humana*, não hesita em reivindicar para si uma "sabedoria" e, portanto, também uma dignidade divina igual àquela do Pai.

Jesus se apresenta como Mestre

"Aprendei de mim [...] vós que sois oprimidos."

Com estas palavras, Jesus se proclama "mestre". A clara consciência de seu "ser" transcendente e o mistério divino presente nele permitem-lhe proclamar-se com insistência "mestre", dando de tal forma resposta a todas as interrogações do ser humano sobre o mistério da vida, sobre o mistério do sofrimento e da morte, sobre o mistério de Deus.

Mestre de quem? Tomando a conduta do Pai, Jesus preocupa-se, primeiramente, não tanto com os sábios e inteligentes, mas antes com os sofridos e oprimidos. Porém, o texto diz: "Vós todos que sois [...]". Para ele, portanto, todos nós somos sofridos sob o peso da vida; todos oprimidos e servos do poder do pecado e da morte. Por isso, também ele, como o Pai, *a todos* quer fazer chegar o seu amor misericordioso.

— *Tomai o meu jugo sobre vós e aprendei de mim*. Uma expressão muito parecida se encontra também no Eclesiástico (51,26s) na fala da Sabedoria divina: "Colocai o vosso pescoço sob o jugo, recebam [...] tanto repouso". Também aqui é surpreendente que Jesus-Homem se coloque ao nível da Sabedoria Divina, definindo a própria missão com suas próprias palavras, e, assim, prometa aos seus discípulos aquilo que só a Sabedoria Divina podia dar. Mas o fato que surpreende e admira ainda mais é que enquanto a Sabedoria Divina chama aos seus ensinamentos, apresentando os seus *títulos divinos*, Jesus, ao contrário, chama para que o sigam não pelos seus títulos divinos, mas porque "manso e humilde de coração". Apesar dos seus títulos divinos, ele é mestre dos humildes e dos pobres! E propõe-se como mestre não enquanto Filho ou porque igual ao Pai, mas enquanto "manso e humilde". É uma página que não cessa de admirar devido a estes paradoxos: de um lado, o mistério da grandeza divina e, de outro, as manifestações de um Amor infinito que, porém, privilegia os pequenos e os pobres. Portanto, um texto que nos descreve as predileções do Coração de Cristo, o qual inspira sempre as suas escolhas à "conduta" do Pai.

— *Manso e humilde.* Jesus se define "manso e humilde", dois adjetivos com os quais ele caracteriza o seu comportamento.

Manso, isto é, mansidão, bondade, delicadeza ao tratar com as pessoas; não violento... mas, ao contrário, alguém que com as palavras e com o exemplo nos fala de acolhimento, perdão, grande ternura: "Não julgueis; [...] não condeneis, [...] perdoai, e sereis perdoados". "Amai também os vossos inimigos; orai e fazei o bem também àqueles que vos amaldiçoam, porque sois filhos do Altíssimo], que é bom [também com os ingratos e os maus]" (cf. Lc 6,27-38).

Humilde como homem, Jesus tem clara consciência da sua condição de criatura humana; não se coloca acima dos outros; não comete prepotências ou afrontas, mas, ao contrário, faz-se servo de todos. E não hesita em dedicar o seu tempo e a sua vida em favor de todos, sobretudo dos pequenos, dos pobres, dos últimos.

Messias pobre, e também Messias dos pobres, dos pecadores. "O Espírito do Senhor está sobre mim. Por isso ele me consagrou e enviou-me para evangelizar os pobres" (Lc 4,18). Escutando as suas palavras, vendo a sua face, renasce a esperança também para os mais desesperados da sociedade. Publicanos e pecadores veem nele a nova face de Deus e o seu amor misericordioso. E o escutam, e o seguem, enquanto os escribas e fariseus julgam-no como um ilusionista que vem perturbar os seus sonhos tranquilos, por isso, conspiram contra ele sobre como o destruiriam (cf. Mc 3,6).

Mas na Bíblia a expressão "manso e humilde" é usada também num contexto religioso, para designar pessoas que, encontrando-se em situações de sofrimento ou de injustiça, colocam toda a sua confiança em Deus. São os *anawim*, os "pobres do Senhor", dos quais fala principalmente Sofonias: "Procurai o Senhor, vós, pobres da terra" (2,3); "Deixarei em teu seio um povo humilde e pobre; procurará refúgio no Senhor o resto de Israel" (3,12; cf. Sl 146; Is 66,2). Assim, do ponto de vista religioso, com a expressão "manso e humilde" Jesus se considera como um dos *anawim*, um dos pobres do Senhor. Diante de Deus, que é o Senhor do céu e da terra, também ele, como homem, sente-se pequeno e humilde entre os pequenos da terra, alegre de compartilhar a sua condição; alegre de ver que Deus, que desde sempre teve predileção pelos humildes, agora se revela a este pequeno que é ele mesmo (Jesus de Nazaré); mais ainda, que se revela por meio das vicissitudes deste "pequeno homem" de Nazaré, o qual, mesmo declarando-se ser igual a Deus, propõe-se à nossa imitação enquanto pequeno e pobre, enquanto humilde de coração.

— *Humilde de coração*. Quer dizer que ele é manso e humilde não só nas palavras, mas no íntimo do coração, na própria raiz do seu ser. Assim o é nos sentimentos mais profundos do seu coração; está consciente, como homem, da insignificância de cada um de nós enquanto criatura, porque Deus é infinito, e toda criatura provinda de suas mãos é nada diante do Infinito. Porém, Jesus se alegra ao ver que, apesar de sua consciência de criatura humana, "é olhado com amor de predileção" pelo Pai;

portanto, exprime profunda gratidão a Deus, sentindo-se pleno da Potência Divina, encarnada nele apesar da insignificância e pobreza dessa sua humanidade, submetida à fadiga e ao sofrimento como todos os outros mortais ("Te bendigo, ó Pai").

Assim, Jesus, se por um lado nos revela essa sua gratidão ao Pai, ao mesmo tempo nos sugere que, como ele em suas opções tem como modelo o Pai, assim nós seremos seus verdadeiros discípulos se procurarmos ser, como ele, "mansos e humildes de coração". Mansos e humildes não em palavras, mas na totalidade de nossos sentimentos, na clara consciência dos nossos limites, na abertura para uma confiança filial e total no amor potente e misericordioso de Deus: "Deus resiste aos soberbos, mas dá graça aos humildes" (Tg 4,6).

Essas reflexões nos ajudam a entender melhor as atitudes típicas da espiritualidade humana de Jesus diante do Pai (ele chama a Deus com o nome de "pai"); e essa atitude filial de Jesus para com Deus nos ajuda a intuir a grande novidade da sua interioridade profunda: no seu mistério eterno, como Filho de Deus, ele era uma só coisa com o Pai ("eu e o Pai somos um", lê-se em Jo 10,30); mas, como homem, ele foi sobretudo um grande contemplativo do mistério de Deus, tão imerso na noite luminosa do mistério, que todas as outras pessoas ou coisas ele as via por meio da luz de Deus. Daí a sua radicalidade diante das exigências do Reino.

Invocar o Senhor Jesus manso e humilde de coração significa, então, seguir seus ensinamentos e saber que este deve ser o modo de amarmos a Deus, a quem ele chama "Pai", é o modo de amarmos os seres humanos, que, mesmo pecadores, ele chama de irmãos.

Capítulo 5
O Salvador do Coração transpassado
(Jo 19,33-37)

Aproximando-se de Jesus e vendo-o já morto, não lhe quebraram as pernas, mas um dos soldados transpassou-lhe o lado com a lança e imediatamente saiu sangue e água. Aquele que viu dá testemunho e o seu testemunho é verdadeiro, e ele sabe que diz a verdade, para que também vós acrediteis. Aconteceu isso para que se cumprisse a Escritura: "Não lhe será quebrado nenhum osso". E uma outra passagem da Escritura diz ainda: "Olharão para aquele que transpassaram".

A espiritualidade do Coração de Jesus, na liturgia, nos escritos dos Padres, nos místicos da Idade Média, nasce e é alimentada pela contemplação do Salvador na cruz, de cujo peito (golpeado pela lança) escorrem sangue e água. Este episódio, do ponto de vista histórico, parece quase insignificante: Jesus já estava morto; devia-se somente dar uma prova visível e segura às autoridades de Jerusalém. Ao invés disso, o evangelista João, o único a referir-se ao episódio, lhe dá uma grande importância: fiel a uma leitura simbólica dos episódios evangélicos, aqui o evangelista destaca a memória, uma visão de fé, a profecia.

O evangelista teólogo

João é o evangelista "teólogo". Ele não se limita a registrar os fatos nem repete aqueles já descritos nos Sinóticos. Preferencialmente, descreve os episódios que se adequam a uma *leitura simbólica*. Os mesmos milagres ele os chama *sinais*. O quarto Evangelho inteiro é uma rica e sugestiva galeria de *sinais*: o milagre das bodas de Caná, definido como o primeiro dos sinais cumpridos por Jesus, onde o vinho novo é sinal da novidade messiânica; pela samaritana temos o sinal da água que mata a sede para a vida eterna; da mesma forma, a multiplicação dos pães prepara a revelação: "eu sou o pão da vida"; também o milagre do cego de nascença, onde se prepara o discurso "eu sou a luz do mundo"... E tantos outros símbolos e sinais, como o Bom Pastor, o grão de trigo, a videira e os seus ramos etc.

A *simbologia* é um elemento essencial da linguagem humana e, sobretudo, da linguagem religiosa (a luz, a vela, a cruz, as flores...). Sinal ou símbolo ou sacramento: uma realidade que anuncia uma outra coisa; que convida a ir *além* da superfície das *coisas*; convite à interioridade, à transcendência, a alcançar o mistério escondido. Toda a realidade, na dinâmica da fé, contém e anuncia um *outro porquê* (além daquele sensível). Assim, sinal ou símbolo é um ramalhete de flores, e também a obediência religiosa ou a virgindade consagrada. Nessa visão simbólica, toda realidade sensível é percebida como portadora de um mistério que a supera: um mistério, porém, que fundamenta e dá sentido à nossa existência de humanos e de crentes, neste mar do ser. Para o evangelista João, também o episódio de Cristo na cruz, que foi transpassado pela lança do soldado romano, é lido na fé, em perspectiva simbólica.

A "memória histórica"

Desse episódio da "transfixação", o evangelista atesta, com veemência, ou o seu valor histórico ("Aquele que viu dá testemunho [...] e ele sabe que diz a verdade", Jo 29,35), ou o significado simbólico ou teológico, que advém da memória histórica (os dois textos citados do Antigo Testamento).

A primeira citação ("Não lhe será quebrado nenhum osso", Ex 12,46) é uma reminiscência do *cordeiro pascal*, o cordeiro imolado em agradecimento pela libertação da escravidão do Egito; aqui se remete ao fato de que, naquele mesmo dia (segundo o evangelista), o sumo sacerdote, no templo, imolava o cordeiro pascal para todo o povo; mas a expressão está relacionada também às palavras de João Batista: "Eis o cordeiro de Deus que tira o pecado do mundo" (Jo 1,29). Cristo na cruz, portanto, é o verdadeiro cordeiro pascal.

A outra citação encontra-se em Zacarias 12,10ss: "Olharão para aquele que transpassaram" (Jo 19,37). O texto de João, por intermédio de Zacarias, reporta-se à memória histórica que tem início com o rei Josias que, após ter restaurado o templo e renovado a aliança, morre tragicamente, transpassado por uma flecha em Megiddo (608 a.C.). Jeremias compôs uma lamentação para a ocasião; "todos os cantores e cantoras recitam ainda hoje [...] tornou-se um costume em Israel" (2Cr 35,24ss). A lamentação de Jeremias é retomada pelo canto do Servo Sofredor ("foi transpassado por causa das nossas transgressões", Is 53,5); e, alguns séculos depois, pelo texto do profeta Zacarias (12,10ss): "Derramarei um espírito de graça e súplica sobre a casa de Davi e sobre os moradores de Jerusalém, e eles olharão para mim. Quanto àquele que transpassaram, chorarão por ele como se chora por um filho único; vão chorá-lo amargamente, como se chora por um primogênito".

A narração da transfixação, à luz dessas citações do Antigo Testamento, aparece como o ponto de chegada de uma longa tradição profética. E é à luz de tal tradição que se lê: é o cumprimento de um mistério: a morte de um justo, de um amigo de Deus, do qual provém um espírito de graça e de purificação.

À luz da fé

"Aquele que viu dá testemunho [...] para que também vós acrediteis." Valor histórico, baseado no testemunho. Valor simbólico à luz das profecias citadas. A narração, portanto, é lida à luz da fé.

Note-se, primeiramente, a frequência (nessa perícope) dos verbos: ver, olhar, contemplar. Veem os *soldados pagãos*, sem a luz da fé; e veem somente um morto pender da cruz; vê o *discípulo que crê*, e logo observa a necessidade de dar testemunho, para que todos creiam; verão no futuro profético todos os que creem, e será um ver contemplativo penitente e adorador.

Essa leitura *teológica* e *simbólica* da transfixação adquire um significado teológico ainda mais profundo se pensarmos na leitura de fé, que é característica de todo o quarto Evangelho. Para João, a morte de Jesus na cruz pode *parecer um fracasso*. Porém, na verdade o evangelista vê morte e ressurreição como um único mistério, como o evento salvífico por excelência.

Recordar o grão de trigo, que morre para produzir fruto (Jo 12,24).

Recordar o Bom Pastor, que dá a vida pelas ovelhas (Jo 10,11).

Recordar as repetidas afirmações de Jesus, segundo as quais a morte na cruz coincide com a sua glorificação: "Quando eu for elevado da terra, atrairei todos a mim" (cf. Jo 3,14; 12,23; 12,32).

Trata-se da mensagem central do cristianismo: isto é, pelo fato de que Cristo, doando a vida por amor, transformou a própria morte em fonte de ressurreição e de vida nova.

Essa narração é colocada como que no ápice de todo o quarto Evangelho. É o ápice também da sua mensagem teológica. Jesus de Nazaré, para João, é o Verbo do Pai, que é Amor; ele mesmo, pois, é Amor encarnado, presente entre nós. Em tudo o seu ser é Amor, em todas as suas palavras e em seus gestos ele se manifesta como Amor que se doa. Quem pouco dá, ama pouco; quem dá muito, ama muito; mas quem dá tudo, verdadeiramente ama com amor total: "Ninguém tem maior amor do que aquele que dá a vida por seus amigos" (Jo 15,13). Assim Jesus nos tem amado.

Na perspectiva profética

Mas a leitura de fé feita pelo Evangelista não para aqui. Para João, o *sangue* tem claramente um significado eucarístico (Jo 6,54-56); e a água, claramente, um significado batismal (Jo 3,5), ao qual está unido o dom do Espírito (Jo 7,37-39). Esse texto, portanto, designa, sem dúvida, o mistério da Igreja eucarística, ou seja, a eucaristia celebrada na comunidade, na qual os leitores do quarto Evangelho habitualmente participam; e é pela eucaristia e na eucaristia que encontram Jesus crucificado; e é tomando o sangue do cordeiro na eucaristia que bebem o Espírito (cf. Jo 7,37-39 e 1Cor 12,13: "bebemos de um só Espírito").

"Olharão para aquele que traspassaram."[1] Uma frase que recorda o piedoso rei Josias, visto como uma prefiguração do Messias Jesus, rei e pastor, o Inocente crucificado e transpassado pela lança, cuja morte se torna fonte de graça. Mas para João essa frase não é somente memória. Ela parece sugerir-nos que todas as profecias (sobre o Servo de JHWH, que salva o seu povo com a doação da própria vida) são cumpridas em Cristo.

A frase nos diz ainda:

— A atitude da multidão aos pés da cruz ("Toda a multidão [...] voltou batendo no peito", Lc 23,48).

— No futuro: em todos os séculos, na história da Igreja, haverá discípulos em adoradora contemplação diante desse mistério.

— Um convite: a todos aqueles que leem esse episódio com olhos de fé, o convite para reunir-se aos pés da cruz para contemplar esse mistério de amor; para acolher com gratidão os dons do amor redentor; para responder a tanto amor com um amor de arrependimento, reconhecedor, fiel, gratuito e intenso.

Portanto, o Salvador do peito transpassado é, segundo o quarto evangelista:

— O cume mais alto do "doar-se por amor" de Cristo ao Pai.

— O máximo de humilhação por amor e, portanto, a alta glorificação.

— A fonte do dom do Espírito e da salvação.

— O fundamento da nova aliança e da Igreja, novo povo de Deus.

---

1. *Videbunt in quem transfixerunt.* (N. do E.)

Os padres da igreja insistiram sobremaneira no simbolismo do *sangue* (amor redentor) e da água (dom do Espírito) ou sobre o fato de que a água nos lembra o batismo e o *sangue* nos faz lembrar os mistérios (a eucaristia); batismo e eucaristia de onde nasce a Igreja... e como Eva nasceu do peito de Adão, de modo análogo a Igreja nasce do peito de Cristo, e justamente pela força do batismo e da eucaristia, simbolizados pelo fluxo do sangue e da água.

Santo Agostinho vê, na ferida do peito de Jesus, não só uma *porta aberta* pela qual brotam os sacramentos, sendo que por estes nasce a Igreja; mas também uma *porta aberta* pela qual se pode "entrar na vida": "[Recorda] o que manou dali [do lado de Cristo] e escolhe por onde poder entrar"[2].

O papa Pio XII, na encíclica *Haurietis aquas*, sublinha com ênfase esse simbolismo bíblico e sacramental do Coração transpassado do Redentor. Ele cita explicitamente uma frase da obra *Vitis mystica*, muitas vezes atribuída a São Boaventura, e sempre citada como ponto de referência essencial para toda reflexão teológica sobre a espiritualidade do Coração de Jesus: "A ferida do peito aberto nos mostra a ferida interior... na ferida visível (do teu Coração) nós contemplamos a ferida invisível do teu amor". Esse é o grande mistério que inspira e anima os verdadeiros devotos do Coração de Cristo. Como é fácil perceber, não se trata de uma reflexão sobre o *simbolismo natural* do coração humano em geral, que depois é aplicado e estendido também ao Coração de Cristo (...a fisiologia das emoções ou a filosofia do simbolismo).

---

2. *Sermo* 111. *Quid inde manavit recole; et elige qua possis entrare.* (Trad. do E.)

O coração de Cristo é símbolo e fonte de amor motivado por um evento histórico, que a Escritura nos descreve como evento salvífico, porque aquela ferida do peito significa, para nós, a grandeza do seu amor; porque daquela ferida escorreram sangue e água, clara referência (nos escritos de João) à água do Espírito e ao sangue redentor.

Nesse evento e nesses sinais, revelação e tradição veem o cumprimento do mistério da salvação: dom de si por amor, amor levado às últimas consequências (até dar a vida). Por esses motivos, aquele sinal, aquele evento (para quem crê) tornam-se princípio de vida nova, fonte do dom do Espírito, que nos transforma em homens de coração novo, aptos e empenhados a viver a caridade: amar a Deus com todo o coração, amar ao próximo como a nós mesmos.

Conclusão

Eis, pois, o ponto de chegada da nossa busca. A renovação teológica e pastoral mais recente não nos propõe um conjunto discutível de práticas devocionais, mas uma espiritualidade muito rica e exigente, centrada em Cristo, o Salvador do Coração transpassado: ele é para nós o modelo do homem novo, o primogênito de uma humanidade renovada no coração; uma humanidade que, crendo no amor como ele tem acreditado, e sustentada pelo seu Espírito, dedica-se, como ele e no seu nome, a uma civilização nova, a *civilização do amor*.

O Salvador do Coração transpassado (a quem recomendaremos as futuras gerações) fixa a nossa atenção sobre um fato histórico, atestado pelo quarto Evangelho, visto como mistério de *salvação* (água e sangue, sinais do dom do Espírito e dos sacramentos).

O Coração transpassado é o memorial desse amor maior, um amor que tem inspirado todos os gestos concretos do Salvador, as suas palavras, as suas escolhas, até o dom total da sua vida, pela vida do mundo. Ao mesmo tempo, aquele Coração é sinal e antecipação profética daqueles que hão de ser os tempos da Igreja ("olharão", no futuro).

Em outras palavras, aquele Coração transpassado é verdadeiramente a mais alta manifestação do amor de Deus por nós no Cristo e do amor do próprio Cristo pelo Pai e por nós; é a imagem humana mais verdadeira de Deus/Amor (amor gratuito; doação total); é a face humana e visível do Deus invisível; é doação de vida e de caridade; é convite à interioridade para penetrar no próprio mistério de Cristo, perder-se nele, numa comunhão de amor sem fim.

Mas Cristo do Coração transpassado é também *prolepsis*, quer dizer, antecipação profética, imagem verdadeira, ícone vivente daquilo que deve ser ou se tornar todo discípulo, e a Igreja toda, nas pegadas do seu Senhor: uma comunidade transformada e animada pela caridade teologal, que vive o amor, que doa a sua vida por amor: uma Igreja do coração aberto, uma Igreja "doada", para a vida do mundo.

Verdadeiro sinal revelador (epifânico) do amor redentor, o Salvador do Coração transpassado é também sinal eficaz, o sacramento do cumprimento desse amor na história e na vida da Igreja; e, portanto, imagem viva daquilo que todo discípulo de Cristo é chamado a se tornar, na medida em que se deixa persuadir e transformar pelo seu Espírito.

Capítulo 6

Religião que se torna Amor

Tanto a leitura da Bíblia quanto a vida espiritual podem apresentar colorações diferentes, acentuando mais a dimensão contemplativa ou a missionariedade, o temor a Deus ou a confiança filial, o mistério obscuro da paixão ou aquele luminoso da ressurreição.

"O culto ao Coração de Jesus", afirma com muita clareza Pio XII, "é o culto do amor que Deus tem por nós em Jesus, e também a prática do nosso amor para com Deus e para com os homens"[1].

A espiritualidade que se alimenta da contemplação do Coração de Jesus nos leva, portanto, a concentrar a nossa atenção sobre o mistério de *Deus/Amor/Infinito*, que se aproximou de nós no sinal humilde e grande do Coração transpassado e glorioso do Salvador, para chegar até nós como oferta de perdão e princípio de vida nova na caridade.

Deus é amor. Amor que se doa. Eterna comunhão de amor das três pessoas divinas: Pai e Filho e Espírito Santo.

---

1. *Haurietis aquas* 60.

O Pai que se doa no Filho; Pai e Filho se doam na reciprocidade de um Amor comum, que é o Espírito Santo.

Em Deus o amor é doação: é amor que *desce*... em direção ao nada para fazê-lo palpitar nos seres; ... ao encontro de seres, criado para comunicar-lhes o dinamismo da vida; ... o estupor do conhecimento; ... o exultar do amor. E o amor de Deus é tal que não cessa de revelar-se como tal nem diante da ingratidão. Por isso, diante do pecador, de amor/dom esse se torna amor/perdão, torna-se misericórdia: *Sic Deus dilexit*. Assim, Deus amou até entregar o seu próprio Filho; e, no Cristo, até sofrer e morrer por nossa salvação.

Religião que se torna amor

Exatamente a isso está direcionado o culto do Coração de Jesus: mostrar como Deus, no seu mistério, é *todo amor*, e não deseja outra coisa que ser amado pelas criaturas. Em outras palavras, o culto ao Coração de Jesus, a *espiritualidade* que o alimenta, é a forma que assume a religião cristã quando os fiéis tomam consciência de que Deus é amor, de que o Coração de Jesus é o símbolo mais verdadeiro e rico desse amor, e que o melhor modo de honrar a Deus/Amor é mesmo "amá-lo com todo o teu coração, com toda a tua alma e com toda a tua força" (Dt 6,4).

Pretendiam expressar isso, tanto o papa Pio XI, quando apresentava o culto ao Coração de Jesus, como a própria síntese do cristianismo: "A suma de toda religião e ainda a norma da vida mais perfeita"[2], como também Pio XII, que o define como

---

2. *Miserentissimus Redemptor* 6. *Totius religionis summa atque perfectioris vitae norma*. (Trad. do E.)

sendo a forma ideal da prática religiosa cristã: "Como confissão suprema da religião cristã"[3].

O pensamento deles é muito coerente: como o Coração de Jesus é o símbolo de Deus/Caridade/Infinita, que assim exprime a íntima natureza da religião cristã, toda consubstanciada no amor, a contemplação do amor de Deus no Coração de Cristo é, pois, apelo contínuo para uma generosa resposta de amor: amor que deve tornar-se a característica dominante de toda a vida de quem acredita, como o foi na vida de Cristo. Assim, a pessoa que progride na vida da caridade deve também progredir na perfeição, como escreve Santo Agostinho: "A caridade iniciada é o começo da justiça; a caridade antecipada é a antecipação da justiça; a caridade perfeita é a perfeição da justiça"[4].

Um amor que se doa

Deus, no Coração de Cristo, se revela a nós como amor infinito e misericordioso. Um amor, pois, que se doa e espera somente ser acolhido e correspondido. "Amando-nos assim, quem não retribuiria o amor?"[5] (liturgia). "Eis o Coração que tanto amou os homens [...] ao menos tu me amas!" (a Santa Margarida Maria). Uma forma concreta para acolher e corresponder ao amor de Deus, que se revela e se doa a nós no Coração de Cristo, é a *consagração*. Santa Margarida Maria a

---

3. *Haurietis aquas* 38. *Absolutissima professio christianae religionis*. (Trad. do E.)

4. *De natura et gratia* 70,84: PL 44,290. *Caritas incohata, incohata justitia est; caritas provecta, provecta justitia est; caritas perfecta, perfecta justitia est.* (Trad. do E.)

5. *Sic nos amantem quis non redamaret?* (N. do E.)

difundiu grandemente, propondo orações e "atos de consagração" (das pessoas, das famílias, dos grupos ou comunidades...). Leão XIII e Pio XI propuseram também a consagração de todo o gênero humano.

Consagrar uma coisa ou uma pessoa a Deus significa dedicá-la a ele, oferecer-lhe, por isso se torna coisa sua e sua propriedade.

Santificar, diferentemente, significa tornar-se mais semelhante a Deus, que é santo. A consagração de uma pessoa tem principalmente a finalidade de favorecer a sua santificação; porém, também uma pessoa consagrada pode se mostrar ingrata e viver no pecado.

A consagração de si a Deus, como ato livre, significa dar-se a Deus por amor (*oblatio*, portanto, espiritualidade oblativa), comportando-se santamente, pois "Deus é santo". "Amando, porque Deus é amor". E, assim, um morrer ao próprio egoísmo e tornar-se totalmente disponível ao amor.

Distinguem-se: consagração constitutiva (com os sacramentos); liturgia oficial (como a profissão religiosa); aquela ascética (que ratifica as precedentes).

A Bíblia fala disso com frequência. Consagrados a Deus são os primogênitos da família e do rebanho. Consagrados a Deus são os sacerdotes, o rei, o Messias com uma consagração devida pelo Espírito de Deus. Consagrado é também todo o povo eleito:

Deuteronômio 7,6ss: "Tu és um povo consagrado ao Senhor teu Deus; o Senhor se afeiçoou a vós e vos escolheu [...] não por serdes o mais numeroso [...] e sim por amor a vós [...]. Saberás, portanto, que o Senhor vosso Deus é o único Deus, o Deus fiel". Amarás, então, com todo o coração (cf. Dt 6,4ss).

Isaías 43,1s: "Assim diz o Senhor que te criou: 'Não tenhas medo, Israel; porque eu te resgatei, te chamei pelo nome, tu me pertences'". Cf. Salmo 16: "O Senhor é minha parte de herança e minha taça. Nas tuas mãos está a minha vida".

Consagração, portanto, é ação de Deus que une a si uma criatura que ama; ao mesmo tempo é uma ação do ser humano que diz "sim" ao amor de Deus e à aliança que ele lhe propõe. É o confiar-se a Deus, é o colocar-se em suas mãos, reconhecendo ser coisa sua e sua propriedade [...] comportando-se de maneira consequente.

A consagração do mundo ao Coração de Jesus

Leão XIII é o papa que primeiramente enfrentou a questão operária (*Rerum novarum*, 1991); foi ele também que consagrou o mundo ao coração de Jesus. Com tal ato, ele pretendia opor-se a certas tendências "privatizantes" ou "intimistas" dos devotos do Coração de Jesus.

Os devotos do Coração de Jesus não devem ser pessoas "fechadas em si mesmas". O Senhor Jesus é um coração aberto a todos e que a todos oferece o seu amor. Consagrando-se ao amor universal do Salvador, a Igreja renova a sua consciência de estar por vocação a serviço do amor universal do Coração de Cristo, para a salvação de todos. Assim, são dois os objetivos que a Igreja pretende alcançar:

— *Denunciar o ativismo desalmado* de quem crê em melhorar e salvar o mundo contando somente com leis econômicas ou, pior ainda, com a luta de uns contra os outros... ilusão! Até a melhor ordem do mundo é fadada a sucumbir, se falta amor nos corações. Necessária e urgente é a reparação da sociedade, a mudança dos corações; na linguagem cristã: a conversão àquele que é a fonte primeira de todo amor verdadeiro.

— *Libertar a Devoção ao Sagrado Coração* da tentação do intimismo: que é a tendência a se limitar ao Redentor, esquecendo a humanidade, que precisa ser salva. A consagração ao mundo, feita pela Igreja universal, é um ato solene de solidariedade salvífica, um compromisso solene pela missão. Dizer "sim" à nossa responsabilidade para com o mundo, com o olhar voltado ao Coração do Redentor do mundo, significa estar convencido de que *o mundo tem necessidade* primariamente: de corações repletos de amor; de seres humanos que irradiem amor e que saibam discernir o verdadeiro do falso amor; de seres humanos que ajudem a unir os corações.

De Leão XIII em diante, o magistério social fala constantemente da unidade inseparável entre mudança das disposições interiores e mudança das estruturas. Precisa trabalhar uma e outra, mas com a plena consciência da prioridade da mudança do coração. Quem se consagra ao Coração de Jesus deve ter consciência das muitas ambiguidades que se escondem no mundo e no próprio coração. Por isso, ressalta a necessidade de oração constante para que venha o Senhor e com o dom do seu Espírito crie em nós um coração novo.

O verdadeiro devoto do Coração de Jesus, além disso, não pensa somente na própria salvação pessoal. Com Jesus, reza e se consagra a todos os homens, para que também estes sejam consagrados na verdade. Por outro lado, a nossa confiança no

Salvador do Coração transpassado não permite um ingênuo otimismo. O caminho do dom perfeito, também para nós, e para a sociedade, não pode ficar oculto sob o mistério da cruz: antes deve iluminá-lo pela esperança.

A consagração na Igreja

Segundo a fé da Igreja, Jesus é o único *a quem o Pai consagrou* de maneira toda especial (Jo 10,36: "Aquele a quem o Pai consagrou"; Lc 4,18: "o Espírito do Senhor está sobre mim: por isso me consagrou […]").

Pelo batismo, Jesus partilha a sua vida com todo cristão. Cada um é consagrado e *santificado no Filho*. Esse dom batismal é a consagração cristã fundamental. Esta é movimento que parte de Deus; é dom de Deus; é graça livremente doada pela ação do Espírito e nos configura em Cristo, o primogênito de muitos irmãos. O cristão é santo no Filho de Deus, que é santo; mas a cada dia a sua santidade cresce e se desenvolve na medida do dom recebido e da nossa generosidade. O amor ou se renova a cada dia ou corre o risco de morrer.

Vida religiosa e consagração. "A consagração está na base da vida religiosa. Insistindo nesse ponto, a Igreja enfatiza a iniciativa de Deus e a diversa e nova relação com ele que a vida religiosa comporta. *A consagração é uma ação de Deus*. Deus chama uma pessoa, que deixa tudo para uma dedicação exclusiva a ele. Ao mesmo tempo, ele concede a graça de corresponder; pois, por parte do ser humano, a consagração se exprime num profundo e livre abandono de si. A atitude que disso resulta é pura doação. É um pacto de fidelidade e de amor recíproco, de comunhão e missão, estabelecido para a glória de Deus, para a alegria de quem se consagra e para a salvação do mundo."[6]

A total pertença do religioso a Deus é, portanto, o resultado de um tríplice movimento: o primeiro é de separação ou de ruptura com as criaturas: é a dimensão ascética; o seguinte é de plena adesão a Deus no amor: é a dimensão mística; em terceiro lugar, temos o retorno aos irmãos: é a dimensão apostólica. Três diferentes aspectos que têm como resultado a única e indivisível realidade da graça, que é a vida religiosa, a vida consagrada que tem como fulcro, fundamento e alimento: o absoluto de Deus.

A consagração na espiritualidade do Coração de Jesus. É uma consequência lógica do culto a Deus/Amor. Assim, Leão XIII afirma: "Uma vez que o Sagrado Coração é um símbolo e uma imagem viva da caridade infinita de Jesus Cristo que nos estimula a retribuir-lhe o amor, acarreta por si mesmo a consequência de entregar-se ao seu augustíssimo Coração"[7].

Assim também Pio XI diz: entre as práticas deste culto, "a memorável consagração na qual nos oferecemos a Deus e invocamos Deus santo"[8]. Em seguida, o mesmo Pio XI a define como um ato com o qual "reconhecendo ter recebido tudo da eterna caridade de Deus, entregando-nos ao Sagrado Coração, oferecemos nós mesmos e todas as nossas coisas à mesma eterna Caridade"[9].

---

6. *Elementi essenziali della vita religiosa*, 1983.

7. *Annum Sacrum* 10.

8. *Miserentissimus Redemptor* 11: *memoranda est consecratio, qua Deo devovemur et sancti Deo vocamur.* (Trad. do E.)

9. *Miserentissimus Redemptor* 11.

A consagração ao Coração de Jesus é, portanto, um amor que se doa, um amor que se dirige a Deus/Amor para viver somente dele e por ele; não nos pertencermos mais, mas nos identificarmos com Jesus, a ponto de não pensarmos mais em nós mesmos e em nossos desejos, mas somente em Jesus e no seu reino de amor nos corações e no mundo. União de pensamentos, de sentimentos, de afetos, que nos levará a amar aquilo que Jesus ama e a desejar aquilo que ele deseja, fundamentando, nessa consonância de amor, toda a nossa espiritualidade religiosa e apostólica. Como sugeria Jesus a uma alma contemplativa: "Ocupa-te das minhas coisas, e eu me ocuparei das tuas". No amor. Para sempre.

Capítulo 7
Espiritualidade oblativa

Seguindo o exemplo de Jesus, que doou a sua vida por nós, também o cristão se sente chamado a *fazer da sua vida um dom*: um dom de amor a Deus e aos irmãos, tornando-se oblação santa. A espiritualidade oblativa está fundada no batismo. É participação do cristão no sacerdócio de Cristo. É comum a todos os batizados.

Nenhum dos Evangelhos atribui a Cristo o título de sacerdote, e, no entanto, toda a sua vida foi uma contínua eucaristia, ofertada, vivida e consumada no amor. O único escrito do Novo Testamento que atribui a Cristo a *messianidade sacerdotal* é a Carta aos Hebreus[1]. Isso é feito com muita determinação, articulando toda a sua cristologia ao redor do tema da oblatividade sacerdotal. O autor demonstra ser profundo conhecedor do Antigo Testamento, e também da novidade cristã. Por meio dela, faz emergirem com grande clareza as características e a originalidade do sacerdócio de Cristo comparado àquele le-

---

1. O autor que de maneira mais ampla tratou deste tema é A. Vanhoye: cf. *Spiritualità oblativa reparatrice*. Bolonha: EDB, 1989, 57-76.

vítico. Considerando que também Cristo é sacerdote porque chamado por Deus, e que o seu sacerdócio é maior e melhor do que aquele de Aarão, a Carta aos Hebreus coloca em grande evidência dois elementos: a oblação sacerdotal de Cristo e a sua eficácia salvífica.

A oblação sacerdotal de Cristo

A oblação vem apresentada como tarefa essencial do sacerdócio. O autor afirma isso com insistência, em primeiro lugar sobre o sacerdócio antigo: "todo sumo sacerdote é constituído [...] para oferecer dons e sacrifícios" (Hb 5,1; 5.3). E conclui: "Assim também Cristo ofereceu pedidos e súplicas àquele que podia libertá-lo" (Hb 5,7). A correlação é clara (todo sacerdote [...] Assim Cristo [...]); claro também é o vínculo entre "paixão" e "sacrifício" ([...] orações àquele que podia libertá-lo da morte).

O mesmo paralelismo retorna no capítulo 8. Também aqui, após ter afirmado que todo sacerdote é constituído "para oferecer dons e sacrifícios", logo acrescenta: "Daí a necessidade de que também Cristo tenha alguma coisa para oferecer". Mas, isso dito, muitas são as novidades:

— Em primeiro lugar, enquanto os sacerdotes do templo ofereciam dons e sacrifícios, Jesus, ao contrário, oferece pedidos e súplicas, com fortes gritos e lágrimas (Hb 5,7). A expressão surpreende, porque nunca na Bíblia se atribui ao sacerdote essa tarefa. Qual, então, o significado?

Nessa expressão o autor destaca com veemência, e com um realismo dramático, a clara consciência que Jesus tinha da sua condição humana, e o seu medo instintivo diante do sofrimento e da morte. O pobre, diante do rico, que coisa pode oferecer? Pode somente pedir, suplicar, implorar. E Jesus o faz "com fortes gritos e lágrimas". É a única maneira coerente de reconhecer e confessar o todo de Deus, e a própria dependência dele; mas assim ele exprime também a plena disponibilidade para acolher com amor a sua santa vontade.

— Em segundo lugar, que coisa Jesus oferece, então?

Reconhecendo-se "todo de Deus" e confessando "o Todo que é Deus", Jesus não apresenta uma oferta externa; não oferece coisas", como touros, cabritos ou cordeiros... ("Basta de trazer-me oferendas vãs", lê-se em Isaías 1,11-13). *Jesus, ao invés*, oferece "*a si mesmo a Deus*" (Hb 9,14,26).

Ele apresenta "a oferta do seu corpo" (Hb 10,10), oferta agradável a Deus, porque ele é "santo, inocente, imaculado" (Hb 7,26). É, portanto, capaz de fazer chegar a sua oferta até o trono de Deus Altíssimo, porque a sua oferta lhe nasce do coração ("*Ecce venio*") e porque possui no coração toda a força da caridade divina que o coloca na obediência da fé.

A sua é oferta do coração: de tudo aquilo que é e do que tem, tudo é dado; oferta de si ao *Tudo que é Deus*. Por amor.

— Em terceiro lugar, a oblação que Jesus faz de si ao Pai não é concebida como simples "disposição interior" a ofertar-se. Tal disposição, a fim de que se torne significativa, atua na existência real. E é assim que Jesus cumpre a sua oferta ao Pai: na concretude do seu ser como criatura humana, na sua evolução cotidiana e no final dramático da sua vicissitude existencial; [...] para que Deus possa servir-se dele quando e como quiser, segundo o "seu" plano de salvação ("*ecce venio*"; "*non mea, sed tua voluntas*"...). Esta é a afirmação mais admirável, e verdadeiramente essencial, do sacerdócio de Cristo: atitude oblativa por amor. E é esta afirmação que nos leva ao coração de toda a autêntica espiritualidade oblativa: entregar-se a Deus por amor, deixando a ele, por meio das vicissitudes da existência humana, a escolha dos caminhos e dos modos...

— As oblações antigas aconteciam no contexto de cerimônias rituais unidas à vida. A oblação de Cristo, ao invés, é a áspera realidade de toda a sua vida, dedicada dia a dia na oferta de amor obediente; iniciada com o *ecce venio* da encarnação, e consumada na obediência dramática da sua morte na cruz. Uma oblação que se cumpre não no contexto solene e alegre de uma celebração ritual, mas na realidade existencial dos mais miseráveis dentre os homens. Já no Getsêmani, mas ainda mais no Calvário, entre "fortes gritos e lágrimas", essa oblação confundia-se com a situação dramática de um homem angustiado, que reza intensamente para ser libertado de uma morte, infligida a ele entre a pior das injustiças e com os suplícios os mais atrozes. Se este final, tão humilhante, pôde ser transformado em oblação sacrifical agradável a Deus, é claro que não existe mais nenhum aspecto da existência humana, porquanto esquálido que seja, que não possa ou não deva entrar como objeto de oblação pessoal de cada um.

— Todos os escritos do Novo Testamento (mas particularmente os Evangelhos sinóticos e a Carta aos Hebreus) são unânimes em notar que a oferta sacrifical de Jesus não foi um ímpeto fácil e todo espiritual; ao contrário, para Jesus, essa foi uma luta difícil, levada adiante com sofrimentos indizíveis ("com gritos e lágrimas").

Ele tinha assumido, de fato, a nossa carne, débil, frágil, mortal (cf. 2Cor 13,4; "uma vez que os filhos tinham em comum o sangue e a carne, também ele participou da mesma condição" Hb 2,14). Uniu-se à humanidade débil e pecadora, para que se tornasse possível a todos "sair juntos". Com o seu "*ecce venio*", tendo aberto totalmente o seu coração à vontade do amor do Pai, obteve do Pai aquele ardor de caridade que o deixa disponível, apesar da previsão da cruz. E, assim, torna-se "causa de salvação eterna" para todos aqueles que a ele aderirem.

No fundo, toda a nossa oração não tem outra finalidade senão aquela de *abrir o nosso coração* à ação transformadora do Espírito de Deus; e, portanto, levar o cristão para a oferta confiante de si a Deus. A oração não pode ter, como finalidade, a de mudar o plano de Deus; mas, ao contrário, a de nos transformar segundo o projeto de Deus.

A eficácia salvífica do sacrifício

Alcançado este ponto, surge espontaneamente a pergunta: qual o segredo que tornou possível essa transformação da morte de cruz em *sacrifício santo*, capaz de chegar até o trono de Deus?

Ajuda-nos a entender isso uma cerimônia do culto antigo, que a Carta aos Hebreus purificou à luz da doutrina sobre o Espírito Santo, presente no Novo Testamento.

No culto antigo, os sacerdotes do templo, para exprimir a ideia de sacrifício a Deus, recorriam ao fogo sagrado que transformava a *vítima oferecida* em volutas de fumaça rumo ao céu. Na verdade, não era um fogo qualquer, mas um fogo inicialmente descido do céu, portanto, divino; por isso, podia de novo elevar-se a Deus do qual havia vindo (cf. Lv 6,5; 24,1ss; 2Cr 7,1ss; 2Mc 1,18 etc.). Esses textos do Antigo Testamento manifestam uma intuição profunda sobre a natureza do sacrifício, que nós devemos recuperar. Para o homem bíblico, *oferecer em sacrifício* não tem significado negativo (sacrificar, perder, matar), mas, ao contrário, um significado altamente *positivo*, isto é, tornar sagrado, tornar divino; assim como purificar significa tornar puro.

Sacrificar, para a Bíblia, é, portanto, urna coisa tão grande que o homem, sozinho, é absolutamente incapaz de realizar. Somente Deus pode tornar sagrada uma coisa ou uma pessoa: torná-la sagrada, torná-la divina e, por consequência, digna de Deus. E essa *força divina*, no culto do templo, era mantida presente no *fogo sagrado* que Deus mesmo fizera descer ao templo, e que devia ficar sempre aceso para conservar essa "eficácia divina".

O autor da Carta aos Hebreus, inspirando-se neste símbolo rudimentar do fogo sagrado, nos faz compreender que somente um *fogo divino*, ou seja, "aquele fogo que é o Espírito Santo", podia comunicar aquela santidade divina que tornaria possível e eficaz e, portanto, agradável a Deus, a oferta sacrifical do homem Jesus.

Escreve em Hebreus 9,14: Cristo Jesus, "por meio do *Espírito Eterno* ofereceu a si mesmo como vítima sem mancha a Deus".

Para aproximar-se de Deus, o ser humano precisa de um ímpeto interior profundo. Não é suficiente um movimento somente exterior: é necessária uma transformação do coração; e esta deve ser tão mais profunda, quanto maiores forem os obstáculos a superar. Quem suscita esse ímpeto profundo e opera essa transformação do coração é o Espírito Santo. Assim é indicado o elemento interior da oblação sacerdotal de Cristo:

animado pela força do Espírito, ele teve aquele ímpeto interior de caridade que era necessário para transformar uma morte de condenado em oferta de amor, perfeita e total, de si a Deus, pela salvação do mundo.

Espiritualidade oblativa de todos os batizados

O sacerdócio de Cristo continua na Igreja, em virtude do sacerdócio batismal dado a todos os seus membros. E como a oblação sacerdotal de Cristo inicia com a encarnação, continua por toda a sua vida e culmina no mistério glorioso da sua morte e ressurreição, assim o cristão é chamado a viver todos os momentos e aspectos da sua vida unido a Cristo, no seu amor e na sua oblação ao Pai.

Com essa finalidade, em primeiro lugar, destaca-se o caráter eminentemente teologal (e nem só moralista, e nem tampouco só ascético) da espiritualidade oblativa dos batizados. É o batismo o seu fundamento. Portanto, ela não é, primeiramente, obra do ser humano. É dom e obra em nós da caridade de Cristo, difundida em nossos corações pelo Espírito que nos foi dado (cf. Rm 5,5).

Abrindo, pois, o coração à ação do Espírito, o cristão sente-se transformado pela caridade divina em todo o seu ser e em todo o seu agir. Por isso é chamado a realizar a sua oblação não mais como "ato ritual" apenas, quase à margem da vida cotidiana, mas por meio de uma atitude de gratidão e de oferta a Deus de tudo aquilo que somos e fazemos, para o reino de Deus ou a serviço dos irmãos. Vivida em união com Cristo, a nossa oblação não é tanto "oferta a Cristo", mas oblação (em união com Cristo e por meio de Cristo) ao Pai.

Viver a nossa oblação em união com Cristo significa também reconhecer que ela, antes de ser fruto do nosso esforço ou da nossa boa vontade, é fruto do amor de Deus e da graça; é dom do Coração de Cristo; é suscitada e sustentada pelo Espírito.

Compreendida como "presença ativa do amor de Cristo em nós", a oblação torna-se o respiro da alma. O ritmo do nosso amor a Deus e aos irmãos durante toda a nossa vida. É "um tempo para Deus no mundo" (Hans Urs von Balthasar — †1988), para todos os homens.

O apóstolo Paulo descreve a oblação de Cristo como disponibilidade ao Pai", e também como solidariedade para com todos os homens e pela sua salvação. Assim deve ser também a nossa oblação: "Caminhai na caridade, como também Cristo vos amou e deu a si mesmo por nós, oferecendo-se a Deus em sacrifício de suave odor" (Ef 5,2).

Na Carta de Pedro (1Pd 2,5) afirma-se que o cristão é chamado por vocação a oferecer "sacrifícios espirituais agradáveis a Deus, por meio de Jesus Cristo". Sacrifícios espirituais não significa *invisíveis;* ao contrário, significa realizados, tornados possíveis e sobrenaturais pela graça do Espírito.

Na mesma prospectiva, Paulo vê, na sua obra de evangelização, um serviço sagrado, uma liturgia, "para que a oferta dos pagãos convertidos pela fé possa ser agradável a Deus, sendo santificada pelo Espírito Santo" (Rm 15,16).

Sem a graça do Espírito, as nossas oblações seriam privadas de valor; vividas, ao invés disso, na caridade, todas as obras do apostolado cristão no mundo são como que uma solene concelebração, escreve Yves Congar (†1955), "presidida pelo Espírito

Santo". É ele que dirige o trabalho dos apóstolos, ele que comove os corações, ele que coroa a obra com a conversão.

Mais três citações

— A primeira da Carta aos Romanos: "Exorto-vos, irmãos, pela misericórdia de Deus, a oferecer os vossos corpos como sacrifício vivo, santo e agradável a Deus. Esse é o vosso culto espiritual" (Rm 12,1).

— Mas também a Carta aos Hebreus é explícita. Depois da longa exposição sobre a oferta sacerdotal de Cristo, segue, de fato, uma exposição parenética sobre a obediência da fé, assim como um insistente chamado ao dever da caridade. Aliás, todo o capítulo 13 é dedicado a este tema: "Perseverai no amor fraterno [...]. Lembrai-vos dos presos [...] não vos esqueçais da beneficência e de repartir com os outros os vossos bens; "porque são estes os sacrifícios que agradam a Deus" (Hb 13, 1.3.16). Este é o culto que Deus espera de nós: a liturgia da vida, a obediência da fé, as obras da caridade.

— E concluamos com a síntese que se encontra na *Lumen Gentium*, quando fala da função sacerdotal de todos os batizados, todos membros do "corpo de Cristo" que é a Igreja: "Àqueles que os uniu em sua vida e em sua missão, Cristo concede participar também de sua função (*múnus*) sacerdotal, para que pratiquem o culto espiritual, para glória de Deus e para a salvação dos homens. Por esta razão [...] todas as obras, orações e iniciativas apostólicas, a própria vida conjugal e familiar, o trabalho cotidiano, a distensão espiritual corporal, se completam no Espírito, e também os sofrimentos da vida, se suportados com paciência, tornam-se sacrifícios espirituais agradáveis a Deus por Jesus Cristo (cf. 1Pd 2,5). Na eucaristia, tudo isso é piissimamente oferecido ao Pai junto com a oblação do corpo do Senhor"[2].

---

2. *Lumen Gentium* 34: EV 1/373.

Capítulo 8
Amor e reparação

Há algum tempo está em ação um notável esforço para aprofundar o significado não somente teológico, mas também espiritual, que possa ter a assim chamada espiritualidade *reparadora*. O amor que, se é sincero e profundo, dedica-se a reparar os danos causados pelo egoísmo e por aquele grande mal que é o pecado, comprometendo-se com todos os meios para difundir o amor de Deus e de Cristo no mundo, e para o advento do seu reino nas almas e na sociedade. Exposto de maneira sucinta o conceito de reparação, veremos algumas expressões menos felizes em uso no passado, para concluir com algumas indicações mais apropriadas ao mistério.

Origem primeira da reparação

A Sagrada Escritura e a liturgia nos sugerem atitudes de excelsa admiração e de profunda gratidão a Deus, toda vez que falam no mistério do amor redentor, que se manifesta e se oferece a nós na mensagem de Cristo e, de forma ainda maior, no seu mistério pascal.

É o Pai que, por amor à humanidade, nos oferece o seu Unigênito, "Pois Deus amou tanto o mundo que entregou o seu Filho único, para que todo o que nele crê não pereça, mas tenha a vida eterna" (Jo 3,16). E o enviou "não para julgar o mundo, mas para que o mundo seja salvo por ele" (Jo 3,17). Em Romanos 5,8 está escrito: "Deus demonstra o seu amor para conosco pelo fato de Cristo ter morrido por nós quando éramos ainda pecadores".

E na Primeira Carta de João 4,10: "Nisto consiste o amor: não fomos nós que amamos a Deus, mas foi ele quem nos amou e enviou-nos seu Filho como vítima de expiação pelos nossos pecados".

A origem primeira da reconciliação e da reparação do pecado é, portanto, o coração de Deus, que envia seu próprio Filho como embaixador de reconciliação. É Cristo Jesus que vem como mediador; não no sentido de que procura aplacar as iras do Pai, mas no sentido de que vem para trazer a oferta de paz do Pai, e a oferece em nome do Pai, que é todo misericórdia; tanto que faz surgir o sol sobre todos, apesar dos nossos pecados. E Jesus proclama o perdão do Pai e o oferece com insistência, apesar das resistências e das incompreensões que encontra. Ao contrário, ele não hesita em oferecer a sua própria vida para reparar e vencer o pecado, movido pelo grande amor que possui pelo Pai e pela humanidade pecadora. *Tal reparação é obra maravilhosa*, clara revelação de que o amor de Deus é misericórdia, uma misericórdia que tem um nome e uma face humana: Jesus de Nazaré.

Mesmo porque esse amor misericordioso (que perdoa o pecado) é um mistério. Foram elaboradas diferentes explicações, que às vezes acabam por esquecer que se trata de um mistério de amor. Como quem diz que a morte de um Deus era necessária para salvar-nos, porque o pecado, ofensa feita a Deus, é um mal infinito; ou dizer que o próprio Deus não poderia dar o seu perdão se primeiro não fosse feita uma justa reparação, sendo Deus também *justiça infinita*.

Mas quem escrevia essas coisas talvez não tivesse ainda meditado o suficiente sobre Lucas 15: o Pai do filho pródigo, imagem do Pai celeste, não pretende uma justa reparação antes de acolher novamente em casa o seu filho; ao contrário, apenas o vê retornando, corre ao seu encontro comovido, porque estava perdido e foi encontrado. A única explicação para a reparação do pecado é o amor misericordioso: o amor do Pai que não hesitou em dar o seu Filho para a salvação do mundo, e o amor de Cristo, cujo Coração quis escolher o modo mais generoso, aquele de enfrentar voluntariamente a cruz, para ser fiel até o fim a essa sua missão de proclamar e fazer alcançar o perdão do Pai para toda a humanidade.

Em Cristo, também nós...

No Cristo, o Filho de Deus, o Reparador que leva à humanidade o perdão do Pai, *também nos tornamos* filhos de Deus. Quer dizer que também nós, em virtude da fé e do batismo, participamos da vida filial de Cristo ressuscitado e da sua *caridade teologal*. De fato, "o amor de Deus foi derramado em nossos corações pelo Espírito Santo que nos foi dado" (Rm 5,5). Animados e renovados pela graça de Cristo, e participando da sua caridade teologal (que é oferenda total de si ao Pai por amor), também nós participamos da sua oferenda reparadora. Em outras palavras, como Cristo se ofereceu e se deu sem reservas por amor ao Pai e pela salvação dos pecadores, também nós com ele e nele somos chamados a entregar a nossa vida para reparar os nossos pecados e os dos nossos irmãos, e, assim, dissuadi-los dos caminhos do egoísmo e encaminhá-los no caminho da caridade (amor a Deus e amor ao próximo).

Falar de reparação, então, quer dizer: reconhecer que também nós podemos fazer, em Cristo, alguma coisa de útil para combater a presença do pecado no mundo e para a salvação dos irmãos. Também a nós, se unirmos a nossa oração à oração de Cristo, é dada a possibilidade de colaborar na construção do seu reino de amor no mundo; também a nós, amando como ele amou, é dada a possibilidade de colaborar para desmantelar o reino do pecado e propagar o reino de Deus; também nós, se formos fiéis à nossa tarefa de amor apesar da cruz, antes vivendo alegrias e sofrimentos impregnando-os de amor, colaboramos de fato para debelar o mal, vencendo o mal com o bem: colaboramos e, portanto, damos uma contribuição para libertar o mundo do pecado, e favorecemos o propagar-se do reino do Coração de Jesus nos corações e na sociedade. E isso é reparação.

Podemos afirmar que da redenção do mundo, e também da tarefa dos cristãos para libertar o coração humano da escravidão do pecado, sempre se falou na teologia e na espiritualidade. Sempre. Porém, a palavra reparação, e o compromisso explícito para uma vida de reparação, estão unidos à devoção ao Coração de Jesus, difundido na igreja por Santa Margarida Maria. Foi ela quem insistiu com firmeza e difundiu esse conceito: não tão somente amar a Deus e ao Coração de Cristo, mas amá-lo também por aqueles que não o amam, oferecer orações e mortificações e atos de caridade teologal, até oferecer a própria vida para que o amor do Senhor seja propagado àqueles que não conhecem esse amor, ou o recusam, ou respondem a ele com indiferença ou ingratidão... segundo aquelas belas palavras que são como que a síntese de sua mensagem: "Eis o Coração que tanto amou aos homens, e que, no entanto, de muitos recebe somente ingratidão e ultrajes. Ao menos tu me amas". Daí o convite a amar o Senhor com um amor que, de qualquer forma, envolva os nossos irmãos também se pecadores, também se insensíveis ao amor do Senhor e ingratos. De fato, reparar é deixar-se envolver com os nossos irmãos na situação de egoísmo e de pecado, para levar a todos o amor do Senhor e para que o amor e o perdão oferecidos por Deus em Cristo sejam acolhidos por todos.

O Papa Pio XI tratou de modo explícito da reparação na encíclica *Miserentissimus Redemptor* (1928) com uma linguagem teológica que era comum naquele tempo; porém, no fundo, retomando o conceito de reparação que é típico de Santa Margarida Maria.

Expressões menos felizes e que devem ser evitadas

Não há nenhuma dúvida sobre a importância da reparação e sobre o fato de que a tarefa de colaborar na obra da redenção não seja evocada repetidamente nos Evangelhos, nas Cartas dos apóstolos e nos escritos dos Padres da igreja. No entanto, não podemos deixar de assinalar algumas expressões, menos felizes, que no passado estavam presentes nessa espiritualidade. Quero me referir a expressões que induziriam a pensar que somos nós que reparamos as ofensas feitas a Deus com o pecado, que somos nós que de alguma forma *consolamos a Cristo*, que se encontra desconsolado ou desolado porque tantos não correspondem ao seu amor.

Mas podemos nós *reparar* os pecados dos outros, ou seja, fazer que sejam redimidos? Em virtude do quê? Quem pode redimir ou reparar os pecados a não ser só Deus? (Mc 2,7). Isso é verdadeiro também hoje em dia. É importante, portanto, em primeiro lugar, prestar atenção à linguagem que se usa.

Passemos então ao conceito: *satisfazer* ou *ressarcir* as ofensas feitas a Deus com o pecado. Era um conceito típico do mundo feudal, quando alguém que tinha ofendido, devia dar tanto quanto (*"satis-facere"*) era pedido para reparar a ofensa: fazer ou dar tanto quanto é suficiente. Ora, podemos nós fazer tanto quanto é suficiente para reparar o pecado? Aqui a resposta é: somente com as nossas forças, certamente não! A coisa é diferente se considerarmos o mistério: a comunhão dos santos.

O conceito: *expiar pelos pecadores*. O conceito seria este: oferecer-se e aceitar sofrer aquilo que o pecador mereceu com seu pecado, para que o pecador seja libertado do seu pecado e do relativo castigo. *Expiação* é um conceito ligado ao mundo jurídico: indica a punição que uma pessoa é condenada a suportar (geralmente no cárcere), para extinguir a culpa por ter ofendido a lei ou a justiça, ou lesado a honra de terceiros. Que isso seja cumprido de boa vontade ou como maldição, para o juiz é indiferente: basta que cumpra tantos meses ou tantos anos de pena. Semelhante conceito (a necessidade de um castigo prévio, para conseguir o perdão) é totalmente estranho, no que diz respeito ao amor misericordioso do evangelho.

O conceito de punição ou castigo para expiar o pecado encontra-se talvez insinuado em algumas expressões de Isaías 53, referidas ao servo sofredor. Mas, estudando analiticamente o termo, conclui-se que, na Bíblia, o sujeito do verbo expiar é sempre Deus, e não o ser humano pecador. E a expressão: "Deus expia os pecados do seu povo" significa que o próprio Deus intervirá para eliminar os pecados da idolatria ou da infidelidade, e dar-nos um coração novo.

Na espiritualidade reparadora critica-se também um certo *intimismo* ou *dolorismo*, ou até *pessimismo*, que procura ver tão somente o que há de ruim na igreja e na sociedade, para estimular obras de penitência ou orações reparadoras; estas, às vezes, imaginam Jesus sempre triste, prisioneiro no tabernáculo, sempre à espera de almas que o consolem pelo abandono no qual foi deixado. "Consolar o Senhor pelos pecados do mundo." Mas também aqui: somos nós que consolamos Jesus ou é o Senhor que consola o seu povo?

Na Escritura *é sempre Deus que consola o seu povo*, e não o contrário.

Pensemos em Isaías 40,1: "Consolai, consolai meu povo"[1]. Isaías 51,12: "Eu, eu mesmo sou aquele que vos consola"[2].

Sem falar da Segunda Carta aos Coríntios 1,3ss, onde se lê: "Bendito seja o Deus e Pai de Nosso Senhor Jesus Cristo [...] Deus de toda consolação. Ele nos consola em todas as nossas tribulações, para que possamos consolar (quem está aflito) *com a consolação que nós mesmos recebemos de Deus*".

Ainda mais antievangélica é *a concepção de um Deus tão indignado com os pecadores* que está sempre pronto para lançar os raios de sua indignação; um Deus que somente ferindo sem piedade o pecador julga satisfeita a sua justiça; um Deus que só

---

1. *Consolamini, consolamini, popule meus!* (N. do E.)
2. *Ego, ego ipse consolabor vos.* (N. do E.)

quando vê o próprio Filho pregado na cruz e seu sangue escorrendo de todos os membros para invocar misericórdia, somente então, deixa-se aplacar na sua ira e concede o seu perdão.

Semelhante visão, embora se encontre também em Dante Alighieri (†1321) e no discurso de Jacques-Bénigne Bossuet (†1704) na sexta-feira santa, não está de acordo com o evangelho. É uma deformação devida ao estilo oratório e a um árido juridicismo, totalmente alienado do espírito do evangelho. Deus não começou a amar a humanidade depois que viu o Cristo morrer entre espasmos inaudíveis sobre a cruz, e suportados para satisfazer as exigências da justiça divina. Desde sempre Deus ama e amou a humanidade, apesar de seus pecados. E é porque nos amava e queria a nossa salvação que enviou o seu Unigênito ao mundo: não para julgar o mundo, mas para salvá-lo. E é pelo grande amor (*"propter nimiam caritatem suam"*) de Deus que Cristo deu a vida por nós, quando ainda éramos pecadores (cf. Rm 5,8).

No princípio era o amor

Temos uma série de textos bíblicos por meio dos quais conclui-se que a reparação do pecado só Deus a pode cumprir; a expiação do pecado somente Deus a pode fazer; é Deus que nos consola em Cristo, e não o contrário. É importante que, desde o começo, não seja involuntariamente desfocada a absoluta prioridade do amor de Deus em Cristo. Princípio de toda reparação e ponto de partida de toda proposta de salvação é ele, o Cristo, enviado do Pai por amor; é ele que nos consola e não o contrário. É ele o único Mediador entre Deus e os seres humanos, o homem Cristo Jesus. E não existe sob o céu outro nome dado aos homens no qual seja possível a salvação (1Tm 2,5; At 3,16).

Permitamo-nos insistir sobre esse conceito. Um Deus indignado, que se aplaca somente quando vê o próprio Filho todo ensanguentado implorar piedade, seria uma caricatura e uma ofensa do Deus clemente e misericordioso. Deus não quis a morte de seu Filho para poder salvar o mundo. "Não a morte, mas o amor daquele que morreu agradou a Deus"[3], afirma com estilo lapidar São Bernardo de Claraval (†1153). Segundo a Bíblia, Deus não deseja nem sequer a morte do pecador, mas que se converta e viva; com maior razão, portanto, não pode querer a morte do Justo. Deus é amante da vida. A morte entrou no mundo não porque desejada por Deus, mas porque introduzida pelo maligno, pelo ódio, pela violência, pelo egoísmo. Portanto, não a morte, mas *o amor daquele que morre na cruz é o preço da nossa redenção e salvação.*

Deus ama os homens pecadores; e amando-os com amor gratuito e misericordioso oferece-lhes o perdão e a graça que os resgata do pecado e os torna "filhos" no Filho morto e ressuscitado por nós. É pelo Coração de Cristo, então, que vem até nós o amor do Pai, dom de vida nova que nos é comunicada na igreja por meio da fé e dos sacramentos. O princípio de todo discurso sobre salvação é sempre Deus, que envia ao mundo o seu Unigênito para que seja o mediador (cf. 1Tm 2,5).

Cristo Jesus é o caminho, o mediador pelo qual o perdão de Deus, a justificação, a vida nova, chegam até nós. E também toda a obra salvífica de Cristo é inspirada e animada por seu amor pelo Pai, o santuário pelos seus dons de graça e de

---

3. *Non mors, sed amor morientis placuit Deo.* (N. do E.)

santidade. E é pelo Coração de Cristo que estes são irradiados sobre a igreja e sobre o mundo; Cristo, cabeça do corpo que é a igreja; Cristo, o primogênito da nova humanidade, redimida no seu sangue.

A reparação de Cristo na Igreja

Afirmada a soberania de Deus (e de Cristo mediador do Pai) na obra da salvação, o discurso não está concluído. Resta ainda saber o que Deus espera de nós, redimidos pelo amor de Cristo. E, assim, o discurso nunca termina.

Cristo recebeu todo o amor do Pai para comunicá-lo ao mundo. Ele, por sua vez, instituiu a Igreja para que continue a sua própria missão. Portanto, a missão de Cristo, mediador e doador de salvação, continua na Igreja, corpo de Cristo; e continua:

— mediante o anúncio do amor de Deus (evangelização);
— mediante a oferta do perdão de Deus (com os sacramentos);
—mediante o dom do coração novo (para viver o amor).

A Igreja continua no mundo exatamente a mesma missão e reparação realizada por Cristo, e a continua com a graça de Cristo e com a eficácia de Cristo. Assim, o amor redentor continua a estar ativo na história pela obra da Igreja que é o corpo de Cristo, e pela obra de todos os batizados, que são membros vivos da Igreja.

Também aqui, então, em primeiro lugar encontramos não tanto uma reparação oferecida a Cristo, mas a *reparação que Cristo oferece ao Pai* pelos pecadores, para que também estes, livres do pecado, possam participar da sua vida filial e divina. De fato, não é ele que precisa de nossa ajuda; mas é ele que nos pede para *colaborar com sua ação*. Uma colaboração que nós com Cristo oferecemos ao Pai, mas tornada possível e eficaz pelo Espírito de Cristo ressuscitado e pela sua graça.

A reparação do pecado é vida nova (de graça), desejada pelo Pai, operada pelo Cristo em nós que temos acreditado, e que, por meio de nós, deve agora se irradiar na propagação e prolongar-se rumo às novas gerações. Daí a importância de *completar em nós* aquilo que ainda falta em nós, e em nossa carne, para a acolhida plena do Amor redentor, o qual nos possibilita "extravasar" sobre a "plenitude das gentes" (cf. Cl 2,20). Todo o nosso ser de redimidos e toda a nossa vida devem colaborar plenamente, e sem resistência, com essa ação.

É a missionariedade da graça, que por sua natureza tende a difundir-se sempre mais, na Igreja e até os últimos confins do mundo.

Portanto, somente a reparação de Cristo é fonte de todas as obras de reparação; desta, elas adquirem valor e eficácia. Tudo é obra de Deus. E nós devemos deixar que a nossa realidade, toda transformada pelo amor, seja contínua irradiação de amor redentor, de amor misericordioso e apostólico. Como diz o concílio de Trento, "quando falamos de 'nossa' satisfação, não devemos pensar que seja nossa no sentido de que podemos satisfazer os nossos pecados; ao contrário, tudo nos vem de Cristo; nele vivemos, nele nos movemos, nele satisfazemos; tanto que todo o valor das nossas boas obras provém dele, por ele são oferecidas ao Pai, e por ele o Pai as aceita"[4].

---

4. Denzinger 904. (N. da R.)

Se alguém perde um olho, não pode recolocá-lo a seu bel-prazer; assim, e com maior razão, não é que nós possamos, só com nossas forças, conceder a nós mesmos a vida da graça, ou dá-la a quem não a tem. É dom de Deus: podemos somente colaborar para isso. Um outro exemplo: dois amigos, que se queriam muito bem, ofendem-se; um pode fazer de tudo para se reconciliar; mas até o outro aceitar, não existe reconciliação. Esta é sempre obra dos dois.

Com maior razão, nos relacionamentos entre Deus e o seres humanos, no centro está Deus, que oferece o seu amor misericordioso, e o pecador, que se deixa reconciliar por Deus e com Deus; podemos colaborar somente de modo marginal, justamente com uma colaboração (da qual falaremos adiante); mas, quando falamos de reparação, não devemos nunca pensar que seja somente obra nossa, que somos nós a satisfazer pelos nossos pecados, e menos ainda pelos pecados dos outros. Ao contrário, tudo nos vem de Cristo: todas as nossas boas obras, todas as nossas obras de caridade, de fé, de solidariedade: o valor de todas elas tem origem no amor soberano e redentor de Cristo. Brevemente, com ele e nele, a humanidade inteira redimida encontra-se colaborando na obra de reparação, morrendo ao próprio egoísmo, oferecendo-se ao Pai por amor e vivendo somente para ele. Cristo permanece modelo e artífice desse amor reparador e, tendo-se entregue com amor total, tornou-se o abandono personificado de toda criação ao amor do Pai.

De que modo a Igreja colabora?

Após ter afirmado o princípio, faz-se necessário ver os modos concretos de colaborar na obra da reparação, *por nosso intermédio e da Igreja*. Podemos afirmar que colaboramos por meio da tríplice função: *profética* (a palavra), *sacerdotal* (os sacramentos) e *régia* (a caridade).

Em primeiro lugar, pela sua missão de evangelização, isto é, anunciando o evangelho, que é a boa nova anunciada aos pobres, que é anúncio de misericórdia e de vida nova para todos os pecadores. A reparação começa quando os seres humanos descobrem que são amados por Deus apesar de seus pecados: floresce assim o desejo de passar do egoísmo ao amor, do pecado para a graça, de uma vida de escravos do pecado para uma vida nova em Cristo Jesus.

Uma coisa é anunciar o perdão, outra, *dar o perdão com eficácia sacramental*. Ora, a Igreja não somente anuncia o perdão, mas também celebra e dá, com os sacramentos, o perdão de Deus: o *batismo* é ato sacramental de reparação do pecado; a *reconciliação* é ato sacramental de perdão e de reparação do pecado; a *eucaristia* é remédio cotidiano sacramental para os pecados cotidianos etc. E todos esses sacramentos são desejados pelo Pai, instituídos por Cristo, celebrados na Igreja e oferecidos à humanidade por amor. No fundo, reparação verdadeiramente eficaz é a celebração dos sacramentos, porque ela é não só anúncio de perdão, mas também transformação do coração e dom de vida nova; e, portanto, em Cristo, reconciliação com Deus e com os irmãos.

Em seguida, vêm as *obras de caridade*, fruto em nós pela graça do Espírito, sinal quase sacramental do amor de Cristo para os irmãos: "Dou-vos um novo mandamento: por meio dele conhecerão que sois meus discípulos: se vos amardes; se amardes [...] como eu vos tenho amado" (cf. Jo 13,35 e Jo 15,12ss).

Das obras da caridade faz parte também a *oração reparadora*. Na Igreja temos a "comunhão dos santos" e das "coisas santas". E, assim, a oração tem grande eficácia: oração da Igreja; oração dos batizados com a Igreja e com Cristo e voltada para Deus, como quase todas as orações nos livros litúrgicos.

As orações, assim como todas as obras de caridade ou de penitência, ou os sofrimentos oferecidos por amor, tudo isto tem valor de sufrágio, de súplica, de intercessão, porque não é a oração enquanto tal que repara o pecado; a oração é súplica a Deus para que Ele intervenha, por meio de Cristo, a reparar em nós e nos outros os danos do pecado e nos readmita na sua amizade. Portanto, trata-se de oração reparadora não somente a Cristo (quase que esquecendo o Pai), mas, como nos ensina a liturgia, oração reparadora a Deus Pai, por meio de Cristo, seu Filho, na comunhão do Espírito Santo que é amor. Não devemos, porém, limitar-nos à *oração reparadora* voltada ao Coração de Jesus para consolá-lo da amargura pelo seu amor não correspondido, deixando para atrás aqueles que não o amam. Jesus não pode experimentar alegria se nos aproximamos dele com palavras de reparação *deixando os pecadores com seu pecado*. De modo análogo, também nós oferecemos reparação verdadeira somente se e quando o nosso amor a Deus for expresso em formas concretas de compromisso para conduzir quem está no pecado: do egoísmo ao amor, do pecado à vida de graça.

A nossa reparação deve ser, portanto, teocêntrica, isto é, voltada para Deus Pai; oferecida a Ele com Cristo Jesus; na solidariedade do seu corpo místico; alcançando o tesouro da comunhão dos santos; apostolicamente comprometida na salvação do mundo. Parafraseando um texto do apóstolo Paulo, que fala de "atividade da fé, [...] esforço da caridade, [...] perseverança da esperança" (1Ts 1,3), também a vida de reparação é autêntica se comportar:

— A *atividade da fé*, porque também a reparação, como a fé, sem as obras é morta.

— *O esforço da caridade*: a caridade é um sacrifício. Querer bem a todos; colocar-se a serviço dos mais necessitados; ter sentimentos e palavras de perdão também a quem nos faz o mal ou nos despreza, é sacrifício. Mas é esta a primeira forma de reparação.

— A *perseverança da esperança*: a esperança sabe esperar, mas sem deixar de rezar e fazer o bem: pelos filhos ou netos que não vão mais à igreja; pelas pessoas transviadas e insensíveis a todo chamado; pelos vizinhos que não param de nos hostilizar... Rezar por essas pessoas; dar-lhes o bom exemplo (discreto, humilde, respeitoso); uma insistência paciente e discreta, feita não de muitas palavras, mas de muito amor.

A *Regra de Vida* dos Dehonianos[5] compreende a reparação como:

— acolhimento do Espírito que brota do peito transpassado;
— resposta de amor ao amor de Cristo por nós;
— comunhão de caridade com o amor de Cristo ao Pai;
— cooperação na obra de redenção de Cristo no mundo (n. 23).

De fato, é no meio do mundo que o Senhor Jesus nos chama para viver a nossa vocação reparadora, como estímulo do nosso compromisso apostólico.

---

5. Congregação dos Padres do Sagrado Coração de Jesus, também conhecidos por dehonianos em referência ao fundador, Padre Leão João Dehon (†1925). (N. da R.)

Capítulo 9
Uma espiritualidade para a missão

Em março de 1985, houve em Bolonha, na Itália, um encontro de estudo sobre a espiritualidade do Coração de Jesus, para verificar até que ponto esta podia ainda ser apresentada como proposta de vida na Igreja. Em encontros anteriores, o mesmo tema foi debatido, partindo da renovação bíblica e litúrgica e do enfoque diferente entre fé e cultura instaurado pelo Vaticano II. Nessa ocasião, ao contrário, desejou-se partir de modelos concretos que essa espiritualidade assume hoje junto a instituições ou a movimentos que se inspiram explicitamente no Coração de Jesus[1].

De um levantamento feito com base no Anuário Católico da Itália de 1982, as congregações masculinas com sede central ou com procuração na Itália eram 78; destas, 13 têm o Coração de Jesus na sua própria denominação. As congregações femininas que se inspiram no Coração de Jesus e com algumas casas na Itália eram 549, das quais, 74 continham também o Coração de

---

1. A pesquisa feita pela revista *Testimoni* foi depois interpretada e comentada por E. Franchini e L. Guccini (Cf. A.D. "Proposte di spiritualità", em *Testimoni* (1985) 6, 7-10).

Jesus na denominação. Em resumo, um instituto religioso dentre sete, cerca de 15%, dirige a sua espiritualidade ao Coração de Jesus: uma realidade da Igreja, com certeza, não livre de relevância teológica. De uma sondagem por amostra, feita entre estes institutos, mostrou-se, para surpresa de todos, que a renovação dessa espiritualidade, ao menos no que tange a testes escritos, é notável. Assim como notável e surpreendente é a consonância quanto aos conteúdos, embora não faltem pontos obscuros.

Partir do Coração

O primeiro dado que emerge da sondagem é este: o Coração de Jesus, como objeto de culto, foi deixado de lado (fato já revelado em âmbito teológico em diversos encontros: Roma, na Itália, em abril de 1981; Tolosa, na Espanha, em julho de 1981; Lisboa, em Portugal, em maio de 1984 etc.). Tratando-se de espiritualidade, então, o assunto é por demais sabido. Aquilo que hoje verdadeiramente interessa aos fiéis, de fato, não é tanto o Coração de Jesus visto no seu aspecto físico (quase o culto a uma coisa, embora santíssima), mas o encontro pessoal com um "tu" humano-divino que é todo um mistério de amor: Cristo Jesus do coração transpassado, presente na Igreja e na história, mistério de amor infinito e fonte de caridade, princípio inspirador do próprio modelo de vida e de missão.

Não se colocam empecilhos a alguém que deseje praticar qualquer ato de culto, sincero, mas isolado, ao Coração de Jesus, no dia da festa litúrgica ou na primeira sexta-feira do mês. Mas a espiritualidade é um modo de ser, um clima interior habitual que caracteriza todas as nossas atitudes, as nossas avaliações, as nossas opções de todos os dias.

Trata-se de um conhecimento de Cristo não apenas teórico, mas carismático e existencial. São três os polos que, juntos, constituem a substância da espiritualidade do Coração de Jesus: 1) o amor de Cristo; 2) manifestado em todos os mistérios de sua vida e, em particular, no símbolo humilde e grande do seu coração; 3) presente eucaristicamente no meio de nós. E essa tríade é vista sempre de maneira unitária e global.

A espiritualidade do Coração de Jesus, por consequência, não se prende tanto ao símbolo coração visto em sua realidade biológica, e nem só no evento da transfixação do peito sobre a cruz, mesmo que sejam aspectos essenciais.

A espiritualidade do Coração de Cristo é um modo de sentir e de viver todo o mistério de Cristo como mistério de amor e como presença entre nós e em nós do amor Infinito. Não se trata de um mistério entre outros. Diz-se coração, mas entendem-se as atitudes interiores constantes que delineiam a face de Deus, mistério de Amor infinito que se manifesta e se doa pela face e no Coração de Cristo. Amor de Deus que por meio do Coração de Cristo e pelo dom do Espírito chega a nós percorrendo a dúplice via: da graça (de Deus para nós) e da imitação (de nós para Cristo), operando uma espécie de configuração nossa às atitudes profundas de Cristo. E, assim, do Coração de Cristo chega-se ao coração dos devotos, modelados sobre o Coração de Cristo, porque é do seu Coração, aberto na cruz, e pelo dom do seu Espírito, que nasce o homem do coração novo. Daí a grande importância que se dá às atitudes interiores: confiança, humildade, alegria, paz, disponibilidade, a generosidade da caridade, o zelo...

É uma nova visão cristã da vida que é proposta; e um modelo novo de ser humano; um modo novo de fazer comunidade; é a civilização do amor. E assim a espiritualidade torna-se proposta de vida, convite a colocar os nossos passos nos passos de Cristo e fazer, da união com ele, no seu amor pelo Pai e pelos irmãos, o princípio e o centro da nossa vida.

O Coração de Jesus, este "Verbo abreviado"[2], este símbolo potentemente evocativo, nos conduz ao coração da nossa fé. Diz-se que Deus é amor; diz-se que Deus se revela e se doa no amor de Cristo; que Cristo nos oferece e suscita em nós uma vida nova na caridade; e que esta vida na caridade se torna possível pelo dom de um coração novo. Isso é o que nos é dito ou proposto por Jesus, por meio de seus gestos, de todas as suas atitudes, de todos os seus mistérios. "O seu nascimento, a sua vida, a sua morte e a sua ressurreição, a sua presença eucarística": *eis a nossa conduta*, segundo a qual se reassume e se vive a espiritualidade do Coração de Jesus.

Como "práticas" ou "exercícios", dá-se grande importância à centralidade da eucaristia, ao ato de oblação, à liturgia das horas, à adoração, à "recordação dos *mistérios*"[3], nos encontros mensais de renovação etc.

Amor e reparação

O nosso serviço na Igreja resume-se em duas palavras: *amor* e *reparação*. O grande amor, do qual o Coração de Jesus é símbolo, não é só uma lembrança histórica. É presença viva de Jesus ressuscitado; é "eucaristia", vista como atitude de proximidade adorável. Por isso, em primeiro lugar e além da celebra-

---

2. *Verbum abreviatum*. (N. do E.)
3. *Recordatio mysteriorum*. (N. do E.)

ção litúrgica singular, é necessário voltar-se para o íntimo, num culto que é essencialmente oferta do coração.

O Coração de Cristo — isto é, aquela interior disponibilidade de amor para com o Pai e com os seres humanos, que permanece em todas as suas condições de vida — torna-se o Coração de Cristo reparador e, portanto, oferta de amor para os pecadores. E, imitando esse divino modelo, os seus adoradores veem, na reparação, um aspecto essencial da sua espiritualidade e da sua missão.

Mas também aqui fica superada aquela equivocada interpretação que fazia do ato reparador uma espécie de emenda, oferecida por alguns fidelíssimos de Jesus sofredor, para consolar o seu coração das ofensas que recebe dos pecadores, abandonando, pois, os próprios pecadores ao seu pecado. Fala-se ainda de reparação; esta, porém, é vista como cooperação na obra salvífica de Cristo, em favor dos pecadores. Uma atitude que traz em si um sentido perspicaz do pecado e do mal, e também uma sincera solidariedade com os pecadores e o compromisso de fazer o possível para a sua salvação em Cristo.

Assim, reparação torna-se quase sinônimo de missão para o indivíduo e também para a comunidade como tal. E será de fato a coerência a essa missão, demonstrada pelas obras, que tornará verdadeira a espiritualidade. Porque uma espiritualidade sem as obras é morta.

Um outro ponto característico da espiritualidade do Coração de Jesus, como é percebida e proposta hoje, é a comunidade. Não parece exagero dizer que a comunidade, ou as famílias cristãs, inspiradas pelo seguimento de Jesus-Amor, são chamadas a se tornarem verdadeira eucaristia, presença real de Jesus-Caridade, amor verdadeiro, vivido no seu interior como alegre fraternidade e, no seu ambiente, como ativa solidariedade com todos os irmãos. A sua solidariedade com os pecadores, em particular, não poderá deixar de ter um caráter evangélico muito acentuado, chamados a viver como Cristo em uma espécie de santa cumplicidade com eles, naturalmente pela sua salvação e nossa.

A própria comunidade, então, é vista não só como um meio, oferecido ao indivíduo para sustento de suas *virtudes particulares, mas sempre como fim*: consagra-se ao Amor para *formar uma unidade*, para *formar uma comunidade*. E o toque típico, que caracteriza a comunidade dedicada ao amor, é a sua natureza eucarística. É chamada a ser: comunhão no corpo de Cristo, memorial de amor de Cristo, presença de Cristo e nossa no mundo, para a vida do mundo.

A lógica da encarnação

Para melhor compreender em que sentido a nossa espiritualidade esteja se renovando, são de grande ajuda as experiências da comunidade e dos grupos que, em nome de Cristo e do evangelho, comprometeram-se com novas e inéditas formas de vida evangélica, como os Pequenos Irmãos de Jesus[4] e as Pequenas Irmãs de Jesus[5], a Tenda do Magnificat[6], as pequenas comunidades de Jean Vanier[7], o monaquismo urbano etc.

---

4. Congregação religiosa católica fundada pelo Padre René Voillaume (1905-2003), inspirada em São Charles de Foucauld. (N. da R.)

5. Congregação religiosa católica fundada por Irmã Madalena de Jesus (1898-1989), inspirada em São Charles de Foucauld. (N. da R.)

6. Comunidade católica de vida consagrada fundada por Costanza Badoni, no final da década de 1950, na Itália. (N. da R.)

7. Conhecidas como "A Arca" (*L'Arche*), são comunidades católicas espalhadas pelo mundo que foram fundadas pelo filósofo, teólogo e humanista Jean Vanier (1928-2019). (N. da R.)

O que caracteriza esses grupos de vida evangélica não é tanto a novidade de seu modo de ser ou de atuar, mas, antes, aquilo que determina essa sua novidade: a paixão por Cristo e pelo evangelho, a intensidade da sua caridade espiritual. É daqui que procede a sua capacidade de ler de modo novo a história e as opções que nela se devem colocar. Bem marcante é a inspiração teologal da sua vida consagrada, vivida em dimensão comunitária, em atitude de obediência à lógica da encarnação. Uma expressão que se torna, com frequência, uma regra de vida para muitos grupos, é esta: a vida consagrada é uma escolha, feita pela causa de Jesus e do evangelho. A sua razão de ser é Cristo. A pessoa consagrada escolheu um único modelo: Jesus; um só chefe e mestre: Jesus; dirá que tem um só desejo e um só amor: Jesus.

Se esta é a razão de ser da vida consagrada, a *lógica da encarnação* torna-se uma escolha irrenunciável. "Tens um único modelo", escrevia a fundadora das Pequenas Irmãs (testamento de 1952). "Como fez Jesus na sua vida terrena, também tu fazes toda a vida para todos: árabe no meio de árabes; nômade no meio de nômades; humana no meio dos humanos. Para resguardar a tua intimidade com Deus, não te sintas obrigado a colocar uma barreira entre ti e a sociedade. Não te coloques à margem da massa humana. Como Jesus, fazes parte dessa massa humana... Imerge como o fermento, que se perde na massa, para fazê-la levedar". Essas reflexões nos lembram Voillaume (*Nel cuore delle masse — Fermento na massa*), e a regra que deu São Vicente de Paulo (†1660) às *Damas da Caridade*[8]: terás

---

8. Associação católica de caridade, composta predominantemente por mulheres e que trabalha contra todos os tipos de pobreza e exclusão social. Fundada em 1617 por São Vicente de Paulo, está presente no mundo todo. (N. da R.)

como mosteiro as praças da cidade; como corredores, as alas dos hospitais; como cela, o abrigo dos doentes e dos anciãos; e, como clausura, a santa modéstia.

Daí a preocupação de procurar o Coração de Cristo no coração da cidade, ou melhor, no coração do ser humano. Jean Vanier sonha com pequenas comunidades (pais com dois filhos, mais dois deficientes), onde a partilha seja verdadeiramente profunda. E essas pequenas comunidades não teriam razão de existir, escreve, "se permanecessem separadas da sociedade". O monaquismo urbano define os caminhos da cidade como "caminhos de Deus" (Madeleine Delbrêl †1964), e procura o Coração de Deus no coração da cidade, convidando a viver não um ascetismo ácido e que afasta, mas *cordial*, procurando ser "solitários e ao mesmo tempo solidários", atentos às necessidades dos homens, embora preocupando-se unicamente de Deus e do seu reino, que é reino de amor e de paz para todos.

Uma espiritualidade para a missão

Deus chama para enviar. E se todo chamado é visto e vivido na lógica da encarnação, as consequências que derivam disto (para a comunidade, para a oração, para a prática da pobreza, para a missão) são incalculáveis.

A conversão ao evangelho é conversão para o ser humano. Porque, para amar a Deus, é necessário amá-lo no semelhante, é necessário amá-lo amando o próximo. Ser presença no ambiente, portanto! E isso, não como desmoronamento no mundo, mas como testemunho profético, gritando o evangelho com toda a vida.

A *vida fraterna* torna-se então um "ficar juntos" no perdão, no acolhimento, no serviço de uns aos outros. Assim escreve

Jean Vanier: "Nós somos só homens e mulheres, procuremos acolher quem está ferido. Não queremos fazer alguma coisa 'para eles', mas viver junto deles, tornando-nos seus irmãos". Somos todos deficientes, no corpo ou no espírito, por isso temos necessidade de sermos ajudados. A pessoa ferida possui capacidades de amor inesperadas; mas somente se for acolhida, e não julgada, consegue exprimi-las com plenitude. Assim, a vida, na família ou na comunidade, torna-se compartilhada. E a correção fraterna é vivida não como julgamento de uns sobre os outros (pois é fácil julgar), mas como oração feita juntos, diante de Deus, e como escuta da Palavra do Senhor, que é sempre juízo, mas também convite à conversão e à esperança.

Imediatamente unida à lógica da encarnação, existe também a opção por *uma oração não protegida*: contemplação, mas em meio ao mundo, assumindo a vida ordinária dos seres humanos como lugar da nossa contemplação. Uma oração não protegida, não isolada do mundo, mas encarnada. É, portanto, oração e vida; oração e trabalho. "Reza pela manhã com teus irmãos antes de ir para o trabalho" — lê-se no Livro de vida da Fraternidade Monástica de Jerusalém[9] — "e reza com as pessoas durante o trabalho [...]. Reza durante o dia com aqueles que estão trabalhando e reza à noite com aqueles que retornam do trabalho". E continua: "A nossa vida no meio dos pobres incidirá, desde o começo, também sobre a nossa oração. Dos pobres aprendemos uma oração de pobres. Por causa da nossa própria vocação, é normal que a nossa oração carregue os sinais do cansaço e do trabalho".

---

9. A Fraternidade Monástica de Jerusalém foi fundada em 1975 pelo Irmão Pierre-Marie Delfieux (†2013), para buscar viver a exemplo da espiritualidade dos Padres do deserto nas realidades urbanas. (N. da R.)

O trabalho (trabalho material ou serviço apostólico) é visto, assim, como prolongamento da liturgia e termina por marcar e caracterizar a própria espiritualidade.

De fato, para que a espiritualidade seja autêntica, deve conhecer o sacrifício do trabalho, a coragem do testemunho, a humildade do serviço, a alegria da gratuidade, o compromisso da missão. Antes, tudo isto não se une à espiritualidade na exterioridade, mas forma com a espiritualidade, se autêntica, um todo.

Bibliografia

Uma bibliografia exaustiva, para os títulos anteriores a 1959, pode ser encontrada em BEA, A. e RAHNER, H., *Cor Jesu. Commentationes in littera enciclica Pii PP XII. "Haurietis aquas"*. Vol. 2, Roma: Herder, 1959, 499-648. Todavia não podemos deixar de citar, em ordem cronológica:

CROISET, J. *La devozione al Cuore di Gesù*. Roma: [s.n.], 1940. Livro inspirado na própria Santa Margarida Maria; utiliza frequentemente as revelações de Paray-le-Monial; termina com uma breve biografia da santa com a qual o autor mantivera contato quando ainda era estudante de teologia.

GALLIEFFET, J. *Eccellenza e pregi della devozione al S. Cuore*. Veneza: [s.n.], 1787.

Neste autor inspiram-se amplamente os seguintes autores até 1950 aproximadamente, entre eles BAINVEL, I.V. *La devozione al S. Cuore di Gesù*. Milão: [s.n.], 1941, (ed. Francesa 1906), o mais lido na primeira metade do início do século XX.

Uma contribuição notável para a renovação da teologia e da espiritualidade do Coração de Jesus, a partir de 1950 foi dada por:

Le coeur, (em colaboração), série "Études carmélitaines", Desclée di Brouwer, Paris: [s.n.], 1950. Expõe os vários aspectos da crise atual, indicando possíveis caminhos para a renovação.

GALOT, J., *Il Cuore di Cristo*. Turim: [s.n.], 1954. A exposição é exclusivamente bíblica e parenética.

STIERLI, J. (org.) *Cor Salvatoris*. Bréscia: [s.n.], 1956. Dá contribuições profundamente inovadoras na perspectiva histórico-bíblica (H. Rahner) e também teológica e cultural (K. Rahner).

TESSAROLO, A. *Il culto del S. Cuore*. [s.l.: s.n.], [19--]. Como comentário da encíclica "*Haurietis aquas*", Turim-Bolonha: [s.n.], 1957. O tratado aborda a evolução teológica e pastoral do momento, colocada em evidência por pesquisas feitas nos mais diferentes contextos.

Publicações Posteriores a 1960

Il Cuore de Gesù a la teologia cattolica, Atti del I congresso internazonale del s. Cuore di Gesù (Barcelona 1961). Bolonha, Nápoles: EDB, 1965.

Il cuore di Gesù a la pastorale oggi. Congresso sacerdotale internazionale di Paray-le-Monial e Paris 1974. Centro Volontari della sofferenza. Roma, 1975.

La spiritualità del Cuore di Cristo. Bolonha: EDB, 1990.

Spiritualità oblativa riparatrice. Bolonha: EDB, 1989.

Teologia e spiritualità del Cuore di Gesù. Atti del I Congresso Nazionale (Roma 1981), Nápoles: ED, 1983.

BERNARD, A. *La spiritualità del Cuore di Cristo*. Milão: Paoline, 1989.

DEGLI ESPOSITI, F. *La teologia del s. Cuore di Gesù da Leone XIII a Pio XII*. Roma: Herder, 1967.

DE LA POTTERIE, I. *Il mistero del Cuore Trafitto. Fondamenti biblici della spiritualità del Cuore di Gesù*. Bolonha: EDB, 1988.

GAUTTHEY, F. L. (organizador). *Vita e opere di s. Margherita Maria Alacoque, Centro Volontari dela sofferenza*. 5 vol. Roma, 1985.

GLOTIN, E. *Il Cuore di Cristo segno di salvenzza, Centro del Cuore di Cristo*, Roma, 1984.

LERCARO, G. *Il s. Cuore e il rinnovamento liturgico*. Vicenza: Favero, 1966.

MARCOZZI, V. *Il Cuore di Gesù simbolo e segno di amore divino, Apostolato della preghiera*. Roma: [s.n.], 1986.

MARIETTI, F. *Il Cuore di Gesù, Culto, devozione, spiritualità*. Milão: Ancora, 1991.

PIERLI, F. *Il cuore trafitto del Buon Pastore*. Bolonha: EMI, 1985.

RAHNER, K. *La devozione al sacro Cuore*. Milano: Paoline, 1977.

RATZINGER, J. *La devozione al Cuore di Gesù*. Casale Monferrati: Piemme, 1986.

TAIZÈ, R. *Dio ha rivelato il suo Cuore*. Leumann, Turim: LDC, 1989.

VEKEMANS, R. (organizador), Cor Christi. Historia, teologia, espiritualidade y pastoral, Bogotá: Istituto Cor Jesu, 1980.

Edições Loyola

editoração impressão acabamento
Rua 1822 nº 341 – Ipiranga
04216-000 São Paulo, SP
T 55 11 3385 8500/8501, 2063 4275
www.loyola.com.br